# スマイルズという
# 会社を人類学する

## 「全体的な個人」がつなぐ組織のあり方

著　小田亮・熊田陽子・阿部朋恒　　協力（株）スマイルズ



弘文堂

# スマイルズという会社を人類学する

## 「全体的な個人」がつなぐ組織のあり方

# 序章

# スマイルズは「普通の会社」ではない？

## 1　フィールドワークという方法

この本の執筆者たちは社会人類学者（文化人類学者）である。この本は、スマイルズという会社を人類学的に調査した報告であり、一種の「会社人類学」を目指したものだ。

　人類学独特の調査研究方法はフィールドワークと呼ばれている。もちろんいまではフィールドワークは人類学だけの研究方法ではなくなっている。社会学も経営学もフィールドワークを採り入れているからである。けれども、人類学のフィールドワークはそれでも独特なものがある。どこが独特なのかというと、逆説的な言い方になるが、人類学者のフィールドワークは、科学的あるいは客観的なデータを採るだけのためだとしたら、あまりにも無駄な営みをしていることにある。人類学者のフィールドワークは、たいてい現地で暮らすというやり方を採るので、その多くの時間は日常生活を営むことに費やされるからである。

**株式会社スマイルズ**
２０００年三菱商事初の社内ベンチャーとして誕生。２００８年にＭＢＯにより代表の遠山正道氏がスマイルズの全株式を取得。スープ、カレーの専門店「Soup Stock Tokyo」をはじめ、ネクタイブランド「giraffe」、セレクトリサイクルショップ「PASS THE BATON」、ファミリーレストラン「１００本のスプーン」などを展開している。

**フィールドワーク**
ある対象について研究する際、そのテーマに即した場所を訪れ、直接観察し、関係者には聞き取りなどを行なう調査方法。

人類学者のフィールドワークと社会学者や経営学者のフィールドワークとの違いをひとことで表わすと、他の社会科学者のフィールドワークが「通い」のフィールドワークであるのに対して、人類学者は「住み込み」のフィールドワークをする。「住み込み」のフィールドワークにあって、「通い」のフィールドワークにはないものは、生活である。[1]

人類学が住み込みのフィールドワークをするようになったのは、この学問の生い立ちに理由がある。人類学者がフィールドワークをするようになったとき、人類学の調査研究対象はいわゆる「未開」と呼ばれていた、交通の便の悪い奥地や孤島だった。つまり、本国や都市から簡単に行き来ができない地域を調査研究の対象地にしていたために、住み込むしかなかったのだ。けれども、おもしろいことに、学問の生い立ちからくる特徴や調査方法は状況が変わっても簡単には変わらない。現代の人類学者は、自分の住んでいる社会を調査するときや都市を調査するときも、つまり必ずしも住み込む必要がないと思える場合にも、「住み込み」のフィールドワークをする傾向がある。それが人類学という学問独特の視点や思考を培《つちか》うという暗黙知を共有してい

**1** 都市のなかのフィールドワーク
小田亮「はぐらかし・やり過ごし・じゃれ合い的生活のすすめ」より
https://www.hyj-susume.com/entry/2017/08/02/120000

るからだろう。

それは、たとえば、若い人類学者と社会学者とが野宿者（ホームレス）のフィールドワークをするときの違いに現われる。社会学者は、多くの場合、彼らを支援するＮＰＯの一員になるなどして、彼らを支援しつつインタヴューをするといった「通い」のフィールドワークをする。それに対して、人類学者たちは、そこでもたいてい「住み込み」のフィールドワークをする。つまり、ホームレスになるのである！

そのとき、人類学者はホームレスの人たちを外部から支援したり、救出しようとしたりしているのではない。ホームレスという生き方を学んでいるのだ。それは、アフリカの村でのフィールドワークでも変わらない。そして、そのような「住み込み」のフィールドワークにおいては、フィールドワークで出会う現地の人たちは、カテゴリーや属性に還元されて理解されるわけではない。そこでは、一人ひとりが、日常生活の中での一人の人間として総体的に理解される。

その際、人類学者は、調査者や大学教員といった役割に分割された存在ではなく、「全体的な個人」としてそこで生活をし、同じくそこで生活をする現地の人たちも「ホームレス」や「〇〇人」といった属性に還元される調査対象者ではなく、「全体的な個人」として存在する。「全体的な個人」とは、本書全体のキーワードでもあり、第1章で詳しく説明するが、分業による役割やシステムの中の地位といった、他の誰かでもいいような、入れ替え可能な部品のような存在ではない人間の総体を表わしている。人類学的な調査においては、そのような「全体的な個人」同士の関係の中で一人ひとりが独自の個人として理解される。それが「住み込み」のフィールドワークによって人類学者が獲得する独特の視点なのであり、人類学という学問の特徴なのである。

ただ、今回のスマイルズの調査では、時間的・資金的余裕のなさのために、「住み込み」のフィールドワークを実施するまでには至っていない。1979年に原著が刊行された「会社人類学」の先駆的研究と言うべきクラークの『ザ・ジャパニーズ・カンパニー』は、日本のある会社に入社して14か月間にわたって社員として働くという「住み込み」のフィールドワーク

**クラーク（Clark, R.）**
イギリスの人類学者。オックスフォード大学を卒業後、ロバート・フレミング社に就職。駐在員として約7年間、日本に滞在していた。

クラーク／端信行訳『ザ・ジャパニーズ・カンパニー』ダイヤモンド社（1981）

をした成果であるが、私たちはそのようなフィールドワークを行なっていない。それでも、日本やオランダ（アムステルダム）、中国、ケニアで「住み込み」のフィールドワークを経験している人類学者として、短期間でもなるべく「住み込み」のフィールドワークによる視点、つまり一人ひとりの人間を総体的に理解するという視点に立つように努力した。

## 2　スマイルズはポストモダン？

フィールドワークの対象としてスマイルズという会社を選んだのは、弘文堂の加藤聖子さんの企画によっている。スマイルズは、外食チェーン店の「スープストックトーキョー（以下、ＳＳＴ）」（現在は分社化して独立している）、ネクタイのブランド「ジラフ」、一つひとつの品に前の持ち主の物語を添えて売るセレクトリサイクルショップ「パスザバトン」などの事業を展開している。スマイルズは社員１４７名、アルバイト約２２０名（２０２０年２月現在）、分社化した株式会社ＳＳＴには社員１９０名、アルバイト約１，６００名の

**Soup Stock Tokyo**
代表の遠山正道氏が三菱商事に在籍中の99年に第1号店をスタートさせて以来、現在は首都圏を中心に飲食・物販店合わせて60店舗以上を構える。

従業員のいる会社だ。加藤さんは、スマイルズの社長の遠山正道さんの著書でスマイルズの事業の一つであるパスザバトンについての本、『やりたいことをやるというビジネスモデル――PASS THE BATONの軌跡』を企画出版したときに、スマイルズが「普通の会社」とは違う「未来型」の組織なのではないかと思えたことから本書を企画したという。

東京の中目黒にあるスマイルズのオフィスを最初に訪れたとき、確かに見ただけでも「普通の会社」とは違うなという印象を受けた。それは、フロアーが分けられておらず雑然としていること、ジラフというネクタイブランドを事業として展開しているにもかかわらず、スーツにネクタイという格好の人がいないこと、オフィスの入り口付近に喫茶店のようなテーブルと椅子の置いてあるスペースがあり、そこで打合せをしている様子が見られることなど、なんとなくクリエイティブでオシャレという印象を与えている。けれども、ただそれだけなら現在では珍しくはないだろう。

**giraffe**
Made in JAPANにこだわり、デザイン、企画、生産まですべて日本国内で行なっているネクタイブランド。

**PASS THE BATON**
丸の内ブリックスクエア、表参道ヒルズでスタートしたセレクトリサイクルショップ。京都祇園店を含めて、現在3店舗で展開。

遠山正道『やりたいことをやるというビジネスモデル――PASS THE BATONの軌跡』弘文堂（2013）

［写真１］スマイルズオフィス、入り口付近の打合わせスペース

［写真２］オフィスの入り口には現代アートが飾られている

加藤さんが「未来型」と感じたのは、そのような表面的なことではなく、会社という組織のあり方というか、組織の欠如についてだった。すなわち、縦割りの分業体制ではなく、やりたいと思ったことがあれば、個人がアメー

バ的に流動的な形でつながるチームを立ち上げ、プロジェクトごとにチームで動く働き方が、自生的なつながりをもつ「村」のように思われて、村のようなものだったら、人類学的に調査研究するのがふさわしいのではないかと思いついたという。

加藤さんの企画書には、階層構造をもつ「従来型」組織とスマイルズの柔軟で流動的な「未来型」組織が対比されていた。この対比は、モダン（近代）とポストモダン（後近代）の組織の対比のイメージを捉える取っ掛かりになるだろう。

「従来型」組織は、固い階層構造をもつツリー状のシステムと呼ぶことができ、「未来型」組織の方は、柔軟な水平方向のネットワークと言うことができる（以下、この対比を「システム」と「ネットワーク」と簡潔に表わそう）。

システムにおいては、それぞれの項は序列の中で固定された位置をもち、単一の意味や機能を与えられているのに対して、ネットワークにおいては、一つの項は他のどの項とでも結ばれうるし、意味や機能もその時々に応じて変わっていくことが可能だ。この対比は、１９８０年代に流行したポストモダン論の文脈においては、システムがモダンで、ネットワークがポストモダンとされた。たとえば、ドゥルーズとガタリの「ツリーとリゾーム（樹木と根茎）」（ドゥルーズ／ガタリ，２０１０）という対比は、モダン＝ツリー、ポストモダン＝リゾームと受け取られ、そのような対比として広く使われていた。

また、建築家のアレグザンダーの提唱した「ツリー」（樹状非交叉図式）と「セミ・ラティス」（網状交叉図式）という対比もよく使われた（アレグザンダー，２０１３）。モダンのツリー型のシステムに対して、セミ・ラティス型のシステムは、重なり合いのある網状の構造を持っており、ある要素と要素をつなぐ回路が複数になっていて、まさに地下に複雑に根をはるリゾーム（＝根茎）的なネットワークを含んでいると言うことができる。つまり、セミ・ラティス型のシステムとは、ツリーにネットワーク（リゾーム）を重ね合わせたものだと言うことができる。

**ドゥルーズ（Deleuze, G.）**
フランスの哲学者。ポスト構造主義の時代を代表する哲学者。

**ガタリ（Guattari, P.-F.）**
フランスの哲学者、精神分析家。精神分析の手法で現代文明批判を展開。ポスト構造主義の先駆者。

ドゥルーズ／ガタリ／宇野邦一他訳『千のプラトー』（上）河出文庫（２０１０）

**アレグザンダー（Alexander, C.）**
都市計画家・建築家。ケンブリッジ大学で数学を学んだ後、建築・都市計画の理論としてパタン・ランゲージを提唱したことで知られる。

アレグザンダー／押野見邦英他訳「都市はツリーではない」『形の合成に関するノート／都市はツリーではない』鹿島出版会（２０１３）

## 3　会社組織のモダン／ポストモダン

システムとネットワークの対比は、アカデミズムの思想界だけではなく、ビジネス書においてもいろいろ形を変えて登場してくる。従来型（＝モダン）の会社組織が縦に分割されたツリー状のシステムであったのに対して、これからの会社組織は水平で柔軟なネットワークでなければならないというように言われ始めたのである。このとき、ネットワークの方は、どこに強調点を置くかによって、「フラットな組織」や「網の目型組織」、「場のマネジメント」、最近の例では「ティール組織」など、さまざまな名前を与えられている。

ツリー状のシステムは、分業による効率性と情報の上位への集約と保持＝独占という面で優れていたし、巨大化する株式会社に適した組織だった。20世紀後半までは、人々が欲求する同じ商品を大量に生産して販売するというビジネスモデルが横行し、効率性だけを求めていればよかったとも言える。

**ティール組織**
上司－部下といったピラミッド型の組織構造は見られず、社員一人ひとりが主体性を持つ自主経営型組織。組織の発達段階に合わせて成長し、形態を変化させていく。

しかし、20世紀の末になると、むしろその欠陥の方が目立ち始めた。数少ないイノベーションで開発した似たような商品を大量生産していた時代には、情報管理は外部に漏れない秘密保持が大事になり、ヒエラルキーの上位にいる少数の者が情報を集約・独占していればよかった。その後、商品を絶えずイノベートし、差異化し続けなければ売れなくなってくる（「知識産業と知識労働・認知労働への移行」と言われる状況）と、現場にいる下位の多数の人たちの間での情報・知識の共有や、部署を超えた交流による柔軟な多様性が必要不可欠になる。これは従来型の縦割りのシステムではできないことだ。

また、未来型組織の会社では「ヒューマニティ（人間らしさ）」や「個人の成長や学習」、「個々人が働く喜び」ということが強調されるようになっているが、これらは従来型の分業型システムでは実現が難しい。ピンを職人が一人で一からつくるよりも、いくつかの工程に分けて分業にした方がはるかに生産性・効率性が高いと指摘したのはスミスだったが、それに対して、フランスの思想家で政治家のトクヴィルは、１８４０年の段階で「人生の二十年をピンの頭の製造に費やした人間から一体何を期待すべきか」（トクヴィル、

**スミス（Smith, A.）**
イギリスの哲学者、倫理学者、経済学者。近代経済学の父と呼ばれる。主著に『国富論』がある。

**トクヴィル（Tocqueville, A. de）**
フランスの歴史家。主著に『アメリカのデモクラシー』がある。

２００８）と疑問を投げかけていた。ツリー状のシステムでの分業は、現場の労働者を、上位にいる管理者が計画した作業工程をこなすだけの取り替え可能な部品のようにしてしまう。そこでは創意工夫の余地も知識や技能の向上もなく、働く喜びや人間的成長は期待できない。

　つまり、20世紀後半まで経済成長を支えてきた従来型のシステムの耐用年数が切れて、未来型のネットワークへの移行が始まったということであり、その未来型のネットワークがさまざまな呼び名で提唱されていると、ひとまず言うことができそうだ。そのような見方からすれば、スマイルズもそのような未来型のネットワークの組織をもつ会社の一つということになる。つまり、スマイルズが普通の会社ではないと感じるとしたら、それは私たちが「普通の会社」と言うときに、モダンの従来型の大企業を思い浮かべてしまうからなのだろう。

トクヴィル／松本礼二訳『アメリカのデモクラシー』第２巻（上）岩波文庫（２００８）

## 4 システムとネットワークは共存している

けれども、実際には、そのようなモダンからポストモダンという単線的な進化の物語（多くのビジネス書はそのような物語を提示しているが）のようには単純ではない。というのも、たいていの社会変化と同様に、システムからネットワークへという変化は、革命のように「A」からそれとはまったく違う「B」へという変化ではないからである。人類学的にいえば、システムとネットワークは、あらゆる人類社会に普遍的にみられる関係のあり方の、2つの基本的タイプと理解すべきものだ。

そのような見方からすれば、縦割りのツリー状のシステムをもつ大企業においても、それと並行して柔軟な水平的なネットワークが必ず併存している。そのようなネットワークがなければ、システムは機能しないからである。

哲学者の市川浩は、アレグザンダーの「ツリー」と「セミ・ラティス」という用語を使いながら、その併存を〈シャドー・システム〉と言い表わして

**市川 浩**
哲学者、身体論者。新聞社勤務ののち東京大学大学院で学ぶ。主著に『精神としての身体』などがある。

いる。市川は、人間の生世界に関わるリヴィング・システム（生きたシステム）は、セミ・ラティス型だという。そして、ほとんどの会社がツリー的な組織図をとっているが、それだけでは成りたっていかないので、「宴会政治」のような「ツリーを補完する非公式の制度」や「裏の組織」がつくられるとし、この非公式の補構造を〈シャドー・システム〉と呼び、「そういうツリー型のシステムの補構造というべきものが、タテ社会ではどうしても必要になってくる」と言っている（市川，１９９３）。実際、日本のある大企業では、「うちには組織図は二つある。半分は公式に組織図に書かれたもので、もう半分はインフォーマル・ネットワークだ」と言われていたという（野村，２００２）。

つまり、モダン（近代）の従来型の会社は、ツリー状のシステムを公式の組織としているが、それは水平で柔軟なネットワークを非公式なものとしているだけで、そこにもネットワークは働いていたのである。そして、公式の組織であるツリー状のシステムの弊害が大きくなってきたので、柔軟なネットワークを影から前面へと押し出して公式の組織としようとしているのだ。

つまり、モダン（＝システム）からポストモダン（＝ネットワーク）へと

市川浩『〈身〉の構造——身体論を超えて』講談社学術文庫（１９９３）

野村恭彦「監修者序文——知識社会の新たな組織形態」ウェンガー他／櫻井祐子訳『コミュニティ・オブ・プラクティス』翔泳社（２００２）

いう単線的な進化の物語には、以下に挙げる２つの見落としがある。一つ目に、その物語では、柔軟で水平的なネットワークは新しいものではなく、もともと従来型の組織にも影として併存していたものだということが見えなくなってしまう。二つ目として、ネットワークを前面に引っ張り出して公式の組織とするポストモダン型の会社組織においても、システムが併存していなければうまくいかないということを隠してしまうのである。

　これらの見落としは、ポストモダン思想の衰退の要因ともなっている。１９８０年代のアカデミズムのポストモダン論において、流動性は固いモダンの縦割りの組織や、分業体制による固定された単調な役割からの解放を意味していた。けれども、グローバル化と新自由主義的政策によって、社会のいたるところで流動化が起こると、組織の流動性はむしろ社会の不安定性を意味するようになった。そして、それによる不安の増大は、排他的ナショナリズムや弱者の切り捨て、マイノリティの排除といった負の現象を生み出している。

　つまり、社会学者のバウマンの言う「ソリッド・モダニティ（固体の近代

**新自由主義**
規制緩和。政府の介入に反対し、民間の自由な活力に任せて成長を促そうとする経済政策。

**バウマン（Bauman, Z.）**
社会学者。今日のポストモダン社会の考察を深める知識人として知られる。主著に『社会学の考え方』などがある。

性）からリキッド・モダニティ（液体の近代性）」への移行（バウマン、2001）、つまり社会の液状化に伴う不安定で不安な社会の到来によって、ポストモダン思想が称賛した流動性は（社会のあちらこちらでシステムによる抑圧がいまだに続いているにもかかわらず）、いまや希望ではなく不吉なものとなってしまっているのだ。

バウマン／森田典正訳『リキッド・モダニティ』大月書店（2001）

## 5　人類史の中のネットワークとシステム

このように、ポストモダン思想の衰退は、それまで非公式なものとされていたネットワークという様態を前面に押し出しても、社会や組織には、役割分割や責任の所在の明確化という意味でのシステムが依然として必要だという当たり前のことを忘れていたことによる。ポストモダン思想の誤りは、モダンからポストモダンへという進化図式にしたがって、システムから流動的で水平的なネットワークへと全面的に刷新されるという物語を描いてしまったことにあった。人類学は、古いシステムが新しいネットワークに取って代わるという進化の物語を疑問視する。

柔軟で水平的なネットワークは、決してポストモダンにおいて新しく現われた進化形などではない。人類学的に言えば、それはむしろシステムよりも古くからある社会のあり方だと言える（人類の最初の社会である遊動する採集狩猟社会のバンドは柔軟で流動的なネットワークだった）。

最初のシステムは、人類が定住するようになり、耕地や家畜の群れといった生産手段を持続的な労働投下によって管理しなければならなくなったときにつくられた。それらの生産手段は持続的に労働を投下しなければ、荒地に戻ったり消散したりしてしまう。つまり、その維持のために持続的に労働力を確保する必要と、それまでせっかく労働を投下し続けて保持してきた生産手段を他者から防衛する必要が生じた。そのとき、生産手段を保持するための持続的で分節化された集団をつくるのに最も適当だったのが、単系的な親族体系を用いた集団形成というわけである。そして、この単系的な親族体系は、まさに縦割りのツリー状のシステムなのである。

ツリー状のシステムは、近代になって特別な意味をもつようになった。捉

**バンド**
同じ場所でキャンプする集団。

えにくい偶発的で流動的なネットワークを消去することで、単純化したツリー状のシステムによってものごとを把握するというのが近代の特徴となったのである。社会人類学においても当初は、役割と地位を規定するツリー状の親族体系を「社会構造」として捉えてきた。それに異議を唱えた社会人類学者の一人がターナーだった。

ターナーは、イギリスの社会人類学の伝統が「〝社会〟を社会的地位の体系とみなすもの」であり、その体系（システム）を「分節化された構造」と「階級組織の構造」からなるものと捉えてきたことを批判し、「〝社会的なもの〟と〝社会構造的なもの〟とはおなじではない」として、社会構造とは別のもう一つの社会関係の様式を「コミュニタス」と呼んだ（ターナー，1976）。

ターナーの議論で重要なのは、分節化された構造と階級組織の構造からなる「社会構造」と「コミュニタス」が同時に併存していることを示唆している点である。すなわち、地位や役割という区分をなくした水平的で一体的なコミュニタスの力は、規範的なものに変換されることなしには社会生活の組織化された細部に適用できず、他方、構造的な活動は、定期的にコミュニタ

**ターナー（Turner, V.）**
イギリスの文化人類学者。象徴・宗教儀式の研究で知られる。主著に『儀礼の過程』などがある。

ターナー／富倉光雄訳『儀礼の過程』思索社（1976）

スの再生力によって活性化されることなしには、たちまち無味乾燥となり機械的になってしまうのである。

要するに、人類の社会は、少なくとも定住後は、システムとネットワークの両方を重ね合わせて社会を形成してきたのである。そして、ターナーの言うコミュニタスが過渡期に出現するように、転換期には柔軟で水平的なネットワークが重要となるために前面に目立つ形で現われるのであり、ポストモダンはそのような転換期であるために、あたかもシステムに入れ替わるように思われたのにすぎない。

## 6　ネットワークは設計できない

現代では、会社の組織において柔軟で水平的なネットワークが前面に出てきて、公式な組織のようになっていると述べた。けれども、勘違いしてはならないのは、ネットワークが公式に表明されるようになっても、システムのようにはあらかじめ設計できないということである。ビジネス書では、ネットワーク型の組織は「こうしたらできる」と謳うことが多いけれども（そう書かないと売れないからだろうが）、ネットワークは個々人の実践の積み重ねによってしかできない。

もちろん、ネットワークが生じやすい環境や装置は設計することができる。たとえば、壁で区切られた部屋でみんながずっとデスクに向かっている職場よりも、勤務時間中に違う部署の社員と自由に座って話すことのできるスペースがある方が部署を横断するネットワークはできやすいだろう。このように物理的な環境は設計できるが、しかしネットワークそのものは設計することができない。上意下達で各部署から人を集めてつくったプロジェクト・チームは、ツリー状のシステムによるものであって、柔軟で水平的なネットワークとは似て非なるものだろう。

一方、壁で隔てられた縦割りのツリー状のシステムが公式の組織となっている会社であっても、異なる部署の同期入社の社員と飲み屋で情報交換したり、ＳＮＳでやり取りしたりして、ネットワークをつくることはできる。逆に横断的なネットワークが公式の組織になり、そのようなネットワークで仕事を進めるような会社でも、それが上からの強制で行なわれているのであれば、システムの欠陥はそのまま残るだろう。

もう一つ重要なことは、柔軟で水平的なネットワークが（それがシステムの陰に隠れているときも）持続的なものになるためには、継続的に顔を合わせるだけの時間が必要だということである。ポストモダン思想では、この時間を軽視しがちであるが、時間を短くしてネットワークを形だけ設計しても、それは一時的な役割としてのつながりしか生まず、システムを支えたり補ったりするネットワークにはならない。

スマイルズという会社が「未来型」ないしはポストモダン的であるのは、システムとネットワークとが併存する組織で、ネットワークが優位でなければならないということを明確に打ち出し、かつそれが働く人たちに共有されているからである。①どのような環境が用意され、②その中で働く人がどのような考えを共有していて、③どのような実践や工夫をしているのか、それがネットワーク型のつながりで働いている会社かどうかのポイントとなる。

人類学的なフィールドワークはそれを明らかにするのに有効な方法である。

そのような人類学的な視点によって、スマイルズという会社が単に柔軟で水平的なネットワークによって組織されているから「普通の会社」と違っているというだけではなく、そのような環境・企業文化の中で、働く人たち一人ひとりが単なる一時的な役割ではなく、「全体的な個人」となってネットワークがつくられているのだということがわかるだろう。

第1章以下の各章ではフィールドワーク中の聞き書き[2]を用いながら、そのことを示していきたい。

【小田亮】

2 なお、本文中に掲載しているスマイルズ社員の方々の氏名は仮名であり（役員及び幹部は実名で掲載）、所属、肩書、年齢等はインタビュー当時のものである。また、現在は退職されている方も含まれる。

# 第1章

# 「全体的な個人」が／をつくるネットワーク

## 1　共有されている理念とネットワーク型組織

　企業で何かのプロジェクトを立ち上げ、その計画を実行するためのネットワークの形成は、発案者が呼びかけること、他の人たちがそれに応じたり巻き込まれたりする個々人の実践から始まる。そこからチームやネットワークができて、プロジェクトの細部や個々の役割が議論され、決まっていくということになる。上層部が承認・決定して作業を指示するようなツリー状のシステムとは違って、個々人の実践がネットワークを形成し機能するためには、社員の間で会社の理念が共有されていなければならないように思われる。

　スープストックトーキョー（以下、ＳＳＴ）人材開発部の蓮田文也さん（２０１１年中途入社、37歳）は、「前職までに多くの会社の理念に触れてきたが、スマイルズほど理念に頻繁に触れる会社はない。働いていても、一日一回は口に出している。日々の仕事のいろんなところに理念を落とし込んでいる」と言う。

　ただ、スマイルズという会社の理念は、少し変わっているように見える。

スマイルズのウェブサイトには、「スマイルズの3つの大切なこと」というページがあり、そこを見ると、「1．遠山正道からのメッセージ——世の中の体温をあげる」、「2．スマイルズの企業理念——生活価値の拡充」、「3．スマイルズらしさ——5感」とある。これらが合わさってスマイルズという会社の理念ということなのだろう。

　スマイルズで働く人たちへのインタヴューの中でも、1番目の「世の中の体温をあげる」という言葉はよく使われている。蓮田さんも、「人事をやっていて、『世の中の体温をあげる』に惹かれる人がたくさんいるのに驚いた。入社以前はちょっと宗教っぽすぎやしないかと懸念していたけども、それは杞憂だった。理念は連呼するけども、商売をするための方法はきちんとやる。だから、『体温』だけにワーッと惹かれる人は採用されない。誰かが何かをしてくれる的な依存をする人も採用していない」と話す。

　また、3番目のスマイルズらしさとして掲げられている「5感」というのは、「1．低投資高感度」「2．誠実」「3．作品性」「4．主体性」「5．賞賛」となっているが、これらの言葉も社員たちに使われることが多く、よく共有されていると言える。そもそも、この「5感」に挙げられた言葉は「スマイルズらしさ」を表す言葉を探るための社内アンケートで導き出された言葉だという（山崎，2014）。

それでは、2番目の「スマイルズの企業理念――生活価値の拡充」には企業理念らしいものが具体的に書かれているのかと期待してみると、そこには遠山社長の描いた「スマイルズのある1日」と題された絵が掲げられている［図1―1］。

この「絵」がスマイルズの事業計画書であるという。絵に描かれた道には西暦年が数字で書かれていて、スマイルズの辿ってきた道のようにも見えるが、それがなぜ「ある1日」なのかわからないし、理念として掲げられている「生活価値の拡充」という文字も絵の中に記されているが、それと描かれた道とがどのように関連しているのかもわからない。企業理念の表現形態としてはかなり変わっている。

しかし、スマイルズで働いている人たちへのインタヴューを読んでいくと、これらの理念と組織のあり方が別々のことではなく、理念を表わす言葉がそ

山崎亮『ハードワーク！グッドライフ！』学芸出版社（2014）

のままネットワークとしての組織のあり方の説明になっていることがわかる。

そして、人々による理念の共有が、柔軟で水平的で自発的なネットワークを自分たちでつくるための環境という場となっているということも見て取れる。以下、そのことを示していこう。

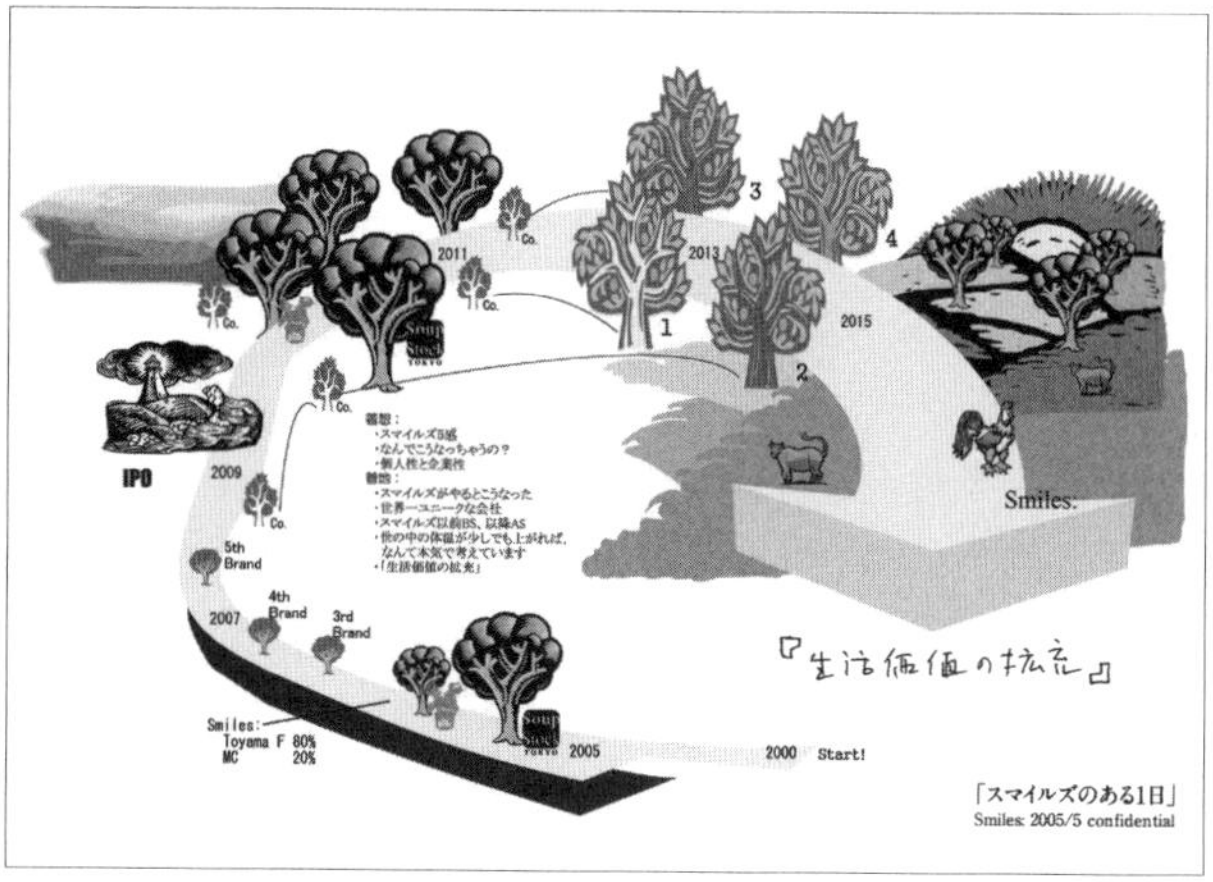


［図１—１］スマイルズのある１日（2005 年作成）

# 2　分業のない会社――「全体的な個人」ということ

## 働く人たちの語るスマイルズの「違う点」

スマイルズで働く人たちは、自分の会社が「普通の会社」とは違っていることを認識している。どこが違っているのかというと、分業がない、役割分担がはっきりしていないという点を挙げる人が多かった。

滝川学さん（ＳＳＴ店舗営業部、２００４年新卒入社、３６歳）は、「分業ではなく、守備範囲だけでなく全部を自分のこととして考えていこうという方針はスマイルズの方向性としてあると思う」と話す。また、スマイルズは他の会社を経て中途採用で入社した人が多いが、その中の一人である佐伯伸明さん（ＳＳＴ物販事業部、ＥＣサイト担当、２０１２年入社、３７歳）は、「前の仕事（ベンチャー系広告代理店のサイト担当の仕事をしていたという）[1]では役割分担が明確だったけど、ここではその辺が明確ではなく、大変ではあるけれどやれる範囲が広い。なので、スキルレベルと視野は広がったと思う」と言う。ちなみにインタヴューをしたとき、佐伯さんは現在の部署での

1　インタヴュー文中の（　）内は執筆者が補足したもの。

自分の役職名を覚えていなかった。

前の会社でウェブデザイナーをしていて２０１０年に入社した高橋信二さん（クリエイティブ本部 デザイン部 ウェブデザイングループ、３７歳）は、入社面接のときに、「ウェブだけをやれと言っているんじゃない、もっと広く考えてくれと言われたのがフィットした」という。高橋さんは、仕事の進め方について、「クリエイティブ本部は仕事ごとにチームを組んで、外部の人も時には入れてプロジェクトを進める。チームプレーというよりはスタンドプレーが目立っていて、それで成り立っている」と言い、「ウェブは（プロジェクト全体の）仕事の流れの中で下流に位置するところなので、何も言わないと後半にしか登場しない。なので意識的に大きな方向性が決まっていくシーンに出るようにしている。メインビジュアルもう決まっちゃったよ、とかになってからだとウェブには適さないこともあるので、初期から参加する」と話す。

そして、「新しく（ウェブサイトを）つくる仕事は、７、８割は外部の仕事になっている。外部の仕事で培った能力や提案力が内部に反映できると思っている。内部の仕事だけだとナアナアになってしまって無駄な会議とかが多くなってしまうと思う。だからこそ外部の仕事で得た気づきを持って帰る。プロジェクトの大枠が決まった後になって『ウェブつくって』と来る仕事は正直に言ってただの作業。外部の仕事でも『ウェブつくってください』といった依頼もあるけども、その場合も打ち合わせ時に根掘り葉掘り会社の強みを見つけていくところから始めることも多い。最終的に『ウェブ（だけ）じゃないですよね』ということもある。そのあたりの仕事は一人ではなくてみんなでやる」と言う。

友坂江理さん（クリエイティブ本部デザイン部クリエイティブディレクター、２０１６年新卒入社、２５歳）は、グラフィックデザイン、企画などの仕事をしているが、現在は「８割がた外部の仕事。スマイルズ内部ではパビリオンのことをやっている。仕事はかなり雑多」だと言う。美大の空間演出デザイン学科を卒業して、インターンなどもやったが、「最終的にスマイルズだと思った」のは、「デザイン事務所では既にクライアントの要求がカチっとしていて、そのうえで限られた仕事だけやってくれというところが多い」からだという。友坂さんは、スマイルズでの働き方について、「同級生と話していて羨ましがられることは多い。自分で考えて進めて、と

**パビリオン**
１３４頁参照

いうことが多くて自由だとは思う」と話す。

料理レシピサイト運営会社を経て中途入社したばかりの大木あゆみさん（クリエイティブ本部 プロジェクトマネジメント室、２５歳）も、スマイルズという会社について、「まだ理解できていないという前提付きですが…。感覚で動いているなという感じ。前職がデータ重視で、ロジカルに動くところだったのでそこを強く感じる。話し合いとかも感覚的な言葉遣いで成り立っている。他は、役割の範囲が決まっていないとも感じる。前の職場はバックオフィスがあって事務作業などは任せていたけど、ここではそういったことも自分でやる感じ」と言う。

スマイルズが４社目の転職先である町田功介さん（経営企画本部 財務経理部、２０１７年入社、３４歳）は、「スマイルズの特徴は？」と聞かれて、「自由。組織に囚われない、役職は関係ない。もちろん、必要に応じた相談等はあるけど、他の会社は事前に『こうしたいのでやっていいですか？』と聞く必要があった。ここでは自分が動かないと変わらない」と答えた。そして、「代わりはいくらでもいるので、自分しかできないことを、とは思っている」と言う。

同じく財務経理部の村上多恵子さん（２００８年中途入社、32歳）は２社目の中途採用だが、入社して思ったことは、「ゆるいな」だったそうだ。「前（の会社）は先輩がいて、早く出社しなくてはならず、掃除し、お茶も出すので始業時間の1時間前には出社していた。……それを考えたら、9時30分出社なのに、9時25分にまだ3人しか来ていない、というのは驚きだった。前はフォーマルな格好だったけど、今（の会社）はスーツを来ている人はほぼいない」。そして、その「ゆるさ」に関して、「ルールよりも、気遣いとかで動いている気がする。気づいた人がやる。前の会社では、部下がやるものだった」と言う。「でもルールは（ある程度）必要な気がする。（ゴミが）放置されることもあり、よくないと思う。たとえばお土産でいただいたお菓子の空き箱を誰も捨てない。『えー』と思う。放置を防ぐため、部署の会議で、（誰か捨てたら）周りが『いいね』という賞賛をしようという案もあった」と話し、「自分たちで創意工夫できるのはいい」が、「よくもあり悪くもあり」と言う。

### 分業のなさが生むもの

序章でも触れたように、システムにおける分業は、働く人を誰とでも入れ替え可能な部品のようにしてしまう。そこでの仕事も細分化された「作業」になっている分だけ、人もその役割や機能に細分化されている。そこでは、仕事全体の達成感は得られにくいし、自分という人間の全体が関わっていることからくる熱意も出にくい。

逆に言えば、分業や役割分担のなさ・曖昧さは、人それぞれの生い立ちや経験や感情や思考など、その人のすべてと言える「全体的な個人」がそこに携わることを促す。つまり、人が役割や属性に分割・縮減される分業によるツリー状のシステムとは違って、ネットワークは「全体的な個人」がつながることによってつくられるのであり、「全体的な個人」はそのネットワークにおいて現われるのである。

スマイルズで働く人たちの語りの中に、「個人」や「自分で」という言葉が頻出しているのも、この「全体的な個人」ということから始まるということが共有されているためだろう。クリエイティブ本部の高橋さんは、「チームプレーというよりはスタンドプレーが目立っていて、それで成り立っている」と言っていたし、財務経理部の町田さんも「ここでは自分が動かないと変わらない」と言っていた。

スマイルズが３社目という中途入社の南澤れいなさん（クリエイティブ本部デザイン部デザイングループ、３７歳）も、「会社は放置プレイ。自分の仕事は自分で探す。何がやりたいの？とすごく聞かれる会社。自分でやりたいことを見つけるのが仕事」と語る。

さらに、11年働いていた大手コーヒーショップチェーンの店舗設計部から転職して２０１６年に入社した前田和哉さん（クリエイティブ本部デザイン部店舗開発グループ部長、４３歳）は、店舗の空間設計をしているが、スマイルズに移ったのは、「大手コーヒーショップチェーンとしての縛りがあったのでもっと広いところに行こうと思った。40歳を区切りに転職を考えたとき、ディレクションだけだとつまらないし、スマイルズであればおもしろいことができると思ったので」と言う。そして、転職は大成功だったと言い、「自分がつくったものが確実に誰かの目に触れて、評価がついてくる。自分のやったことの評価・価値が会社の評価・価値につながる。自分がやりました、と言えないようなものはつくらない。だから楽しい。プレッシャーもすごい。そういう働き方はスマイルズ全体にもある程度通じるものがあると思う」と語る。

「スマイルズは個々の集まりだと思っていて、企業としての形を飛び越えようとしている気がする」と話すのは、２０１６年に中途入社した須田しおりさん（経営企画本部 経営管理部 人事グループ、３９歳）だ。洋食店や高級和食店に勤めたあと、在宅勤務の事務やＮＰＯの仕事を経てスマイルズに入社した。「ふわっとした理由でここに入社したので、その辺で葛藤はある。『何かやりたいことがある』を是とする会社なので、『で、何がやりたいの？』ということを日常的にも問われる。これまではクライアントや上司のサポートが多かったので。まだこの会社のおもしろみを体感していないような気がする」と言う。「スマイルズも『スマイルズらしさ』を推してはいるけども、それは『あなたがやりたいことは何ですか？』『そこにあるストーリーはなんですか？』を問うことで、『スマイルズ色に染まれ』ではない」と語る。ただ、「『常にポジティブであれ』とか言われるとやだな、とかはあります」とも付け加えている。

　そして、須田さんは「集合体としてのスマイルズのおもしろいところは、会社全体の中での一人ひとりの役割を自分でつくろう、というところ」だと言う。

「個人」や「自分のやりたいこと」の強調は、ウェブサイトで確認できる「スマイルズの３つの大切なこと」の中の「遠山正道からのメッセージ――世の中の体温をあげる」で以下のように表されている。

> 20世紀は経済が強すぎて、勝ちパターンやシステムが強くて、変化も個人も組織の論理に丸めこめられていた。
>
> でも、今は、変化や個人の時代。だから、私たちが、自分たちでコレだと思ったこと、やりたいと思ったこと、トキメイてしまったこと、自分ごととしてやるべきと思ったこと、そんなことが実際に出来るし、自分たちで仕事も働き方も、或いは人生なんかも、想って実践していけばいい。

そして、同じくウェブサイトで確認できる「スマイルズらしさ――５感」の中でも、「４．主体性」の説明には、「私たちは、批評家や観客ではなく、自らが発想し、自らが手をあげ、自らバットを振る、個が強いチームを目指します。個性的でユニークでありながらも、仲間との連携と補完によって、結果的に全体を高めていくことを目指しています」と述べられている。

また、スマイルズのウェブサイト「Smiles：Creative Archives」の中の「Thinkings」というページには、「N＝1から始まる」という文章が掲載されている。そこには、

**Thinkings**
https://creative.smiles.co.jp/list/?category=thinkings

> 誰が答えたのか見えないアンケート調査や、社会的トレンドよりも、確実に存在する自分自身からの発意や、自分の家族、友達など具体的な〝誰か〟に内在化していることから始めてみる。

アンケート調査やトレンドは、時として表面的情報となる場合がありますが、その深層にある心理的揺れ動きまでも映してくれるものにはなりません。

　N＝1から始まる欲求やコンプレインは、その心理的揺れ動きまでもとらえさせてくれると考えています。

とある。この「N＝1」のNは、アンケート調査など量的調査のときの母数を表わすが、マーケティングのように統計的な数字として捉えるのではなく、自分自身や自分の家族や友達など、よく知っている「具体的な〝誰か〟」から始めるということも、数字や属性に還元されてしまう「誰でもいい者」ではなく、自分自身や自分が具体的に知っている人という「全体的な個人」とそのつながりから発想するということだろう。

　野崎亙さん（スマイルズ取締役兼クリエイティブ本部本部長、４１歳）は、『自分が欲しいものだけ創る！――スープストックトーキョーを生んだ「直感と共感」のスマイルズ流マーケティング』という本の中で、「N＝1から始める」ということについて、次のように述べている。

　何度も言うけれど、N＝1を知ることが一番大切なんです。日常に

**コンプレイン（complain）**
苦情や不満の意味。特にホテル業界などにおいて、顧客からの不満を指して使用される用語。

目を見開いて、いいなと思うもの、嫌だなと思うものがあれば、ちょっと立ち止まってそれがなぜかを考えてみる。服でも食べ物でも何でもいいので、自分の「好き」を要素分解して、どんなものに惹かれるか、それが何で構成されているか、その対極にあるものは何かを考えてみる。そんなふうにN＝1を基点とすると、新鮮なアイデアが結構生まれてくるものです。

チームでアイデアを出すときは、メンバーそれぞれのN＝1を考えます。20人いたとしてもN＝20の統合的回答ではなく、20人のN＝1の些末な情報を集めていく。そのすべてが、非常に有用性があるわけです（野崎、２０１９）。

この「N＝1」を基点にするという考え方は、量的調査と対極にある人類学的フィールドワークにとてもよく似ている。序章で言ったように、フィールドワークによって培われた人類学の視点もまた、N＝1という「全体的な個人」を日常生活の中で具体的に捉えようとするものだからである。

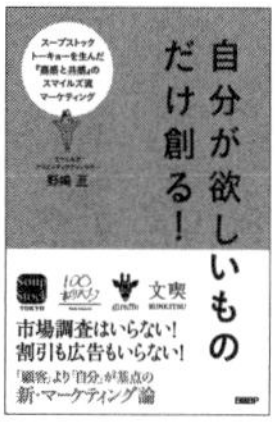


野崎亙『自分が欲しいものだけ創る！——スープストックトーキョーを生んだ「直感と共感」のスマイルズ流マーケティング』日経BP（２０１９）

## 共感から始まるネットワーク

先に、ツリー状のシステムと対比される柔軟で水平的なネットワークは全体的な個人のつながりとしてつくられるのであり、全体的な個人はシステムでは現われず、ネットワークにおいてのみ現われると述べた。Ｎ＝１という全体的な個人から始めるのが重要だとは言っても、プロジェクトの仕事は協働でなされる。協働の中で全体的な個人（Ｎ＝１）であるためには、ネットワークというつながりが不可欠なのだ。では、個人を基点とするそのつながりはどうやってつくられていくのだろうか？ スマイルズで働く人たちは、それを説明するのに、「共感」という言葉をよく使う。

たとえば、古川豪さん（クリエイティブ本部プロジェクトマネジメント室室長、３２歳）は、「『社員がやりたいことをやれる会社』だと聞いたが、具体的にはどのように企画を始めるのか？」という問いに対して、「やりたいことがあれば、飲み会や個人的な付き合いの中であっても共感してくれる仲間を探し、スタートさせる。まずは上司のハンコが必要だ、といったことはない」と答えた。また、ＩＴ業界から転職した原英人さん（経営企画本部 本部長、２０１０年中途入社、３６歳）は、スマイルズのことを、「個人がやりたいこと、意義づけにはまる仕事が多いところ」と言う。そして、「『税金（仕方なくやる仕事）』もあるけど。理念とか意義とか目指している方向に共感しあっている人は多いし、そうしたことについて議論する場は多い。この空間の共感を、店舗とつないでいくのが課題かなと思う」と話す。

天野麻由実さん（経営企画本部 経営管理部 人事グループ、2013年新卒入社、29歳）は、「スマイルズのおもしろさとは、妄想や個人の思いを持続可能なビジネスとして実現することができること。人が想いを爆発させる。それがおもしろい。個人の才能が、未来をつくる。その源にあるのがスマイルズという集団」と語り、「人事部では、スマイルズに共感する人々の集団をつくりたいと思っている。社員だけでなく、外注先、イベントゲスト、周りの『仲間たち』……それぞれがユニークで、その人の人生とつながったものをつくっていける人」と話し、「社員は、自分がやりたいことがあったら、飲み会で話したり、メールで流したりして（共有する）」と言う。

坂本達也さん（レストラン事業部 事業部長、2013年中途入社、36歳）は、スマイルズのウェブサイトの「中途採用」の案内ページで、「共感の輪を広げていける事業でビジネスがしたかったので、スマイルズを選びました」と書いている。私たちのインタヴューで、岩手出身の坂本さんは、「東北の震災のときまでは、『数字出せば勝ち』という感じでやっていた。しかし震災が起きて、実家も流されてしまった。親は無事だったが、そのときから、『こんな働き方じゃいけない』と思うようになった」ことから、前の会社を辞めてスマイルズに入ったと話す。そして、「ここでは、スマイルズが好きなだけではうまくいかない。そこに『自分』がないとうまくいかない。指示待ちの姿勢では、本部だったら、何もやることがなくなってしまう。スマイルズでは、『納得させること』が大事で、『理解が多ければ多いほどうまくいく』と考えられている」と言う。

　このようにここでの「共感」という言葉は、同じ思いを共有するという意味での「同感」ではなく、全体的な個人としての「自分」を基点としながら、周りを説得し巻き込んでネットワークをつくっていくことを意味している。自分という全体的な個人の思い、それ自体はその人の経験や状況による唯一無二のもので決して共有はできない。けれども、同じもの、同じブランド事業に対するそれぞれの個人の思いは、同じではなくてもつなげることはできる。つまり、違うもの同士がつながることが「共感」と呼ばれている。

「スマイルズらしさ――5感」の中の「1．低投資高感度」には、「質の高い提案が生まれる必要条件は、（中略）既成概念にとらわれない考え方同士の摩擦です」と書かれているが、共感をベースにして全体的な個人同士の違う考え方や思いが突き合わされるときの摩擦こそが発想を生むということを伝えるものと言えよう。

スマイルズでは、顧客や外部の取引先との関係づくりの際にも「共感」という言葉が使われる。取締役兼クリエイティブ本部長の野崎亙さんは、『自分が欲しいものだけ創る！』の中で、ブランドと顧客の関係を人間同士の関係と捉えながら、その関係性を「上下／並列」という対立と「論理的関係／情緒的関係」の対立の2つの対立軸によって4タイプに分けている［図1―2］。

野崎亙『自分が欲しいものだけ創る！』日経ＢＰ（２０１９）

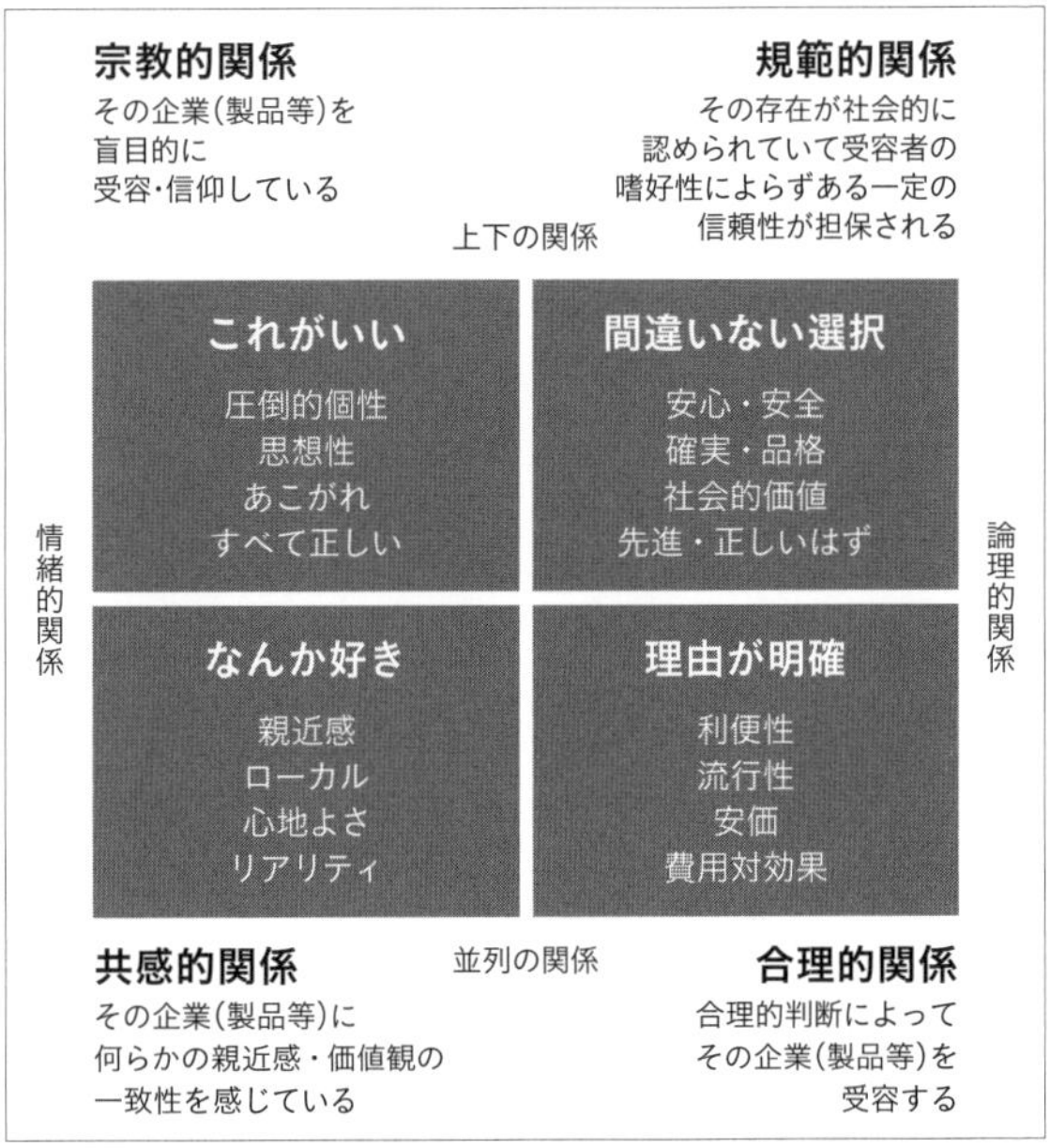

［図１―２］関係性のブランディング・４つの関係（野崎，2019，p.135）

すなわち、論理的関係かつ上下関係が〈規範的関係〉で、人間関係で言えば会社の上司との関係にあたり、論理的な並列関係が〈合理的関係〉で、同僚や取引先との関係にあたる。そして、情緒的関係かつ上下関係が〈宗教的関係〉で、親や憧れの人（アイドル）との関係にあたり、情緒的な並列関係が〈共感的関係〉で、兄弟や友人との関係にあたる。その〈共感的関係〉は、「気の置けない友人の頼み事は、見返りなんて気にせずにやってあげたくなる」関係になっている。そして、野崎さんは、この4タイプの中で、スマイルズが大切にするのは〈共感的関係〉だと言う。

〈規範的関係〉や〈合理的関係〉がシステムにおける関係だとしたら、〈共感的関係〉は、「全体的な個人」同士の緩くて水平的なネットワークのことだと言っていいだろう。

野崎さんは、今回のフィールドワークにおけるインタヴューの中で、「スープストックトーキョーの食器をつくるのに、九州に5か月通ってアーティストさんに頷いてもらったこともあります。『共感』をつくるのにそれくらいかかることもあるということですね」と語っている。〈共感的関係〉は、顧客だけではなく、社外のさまざまな関係者の人たちとのネットワークをつくるときにも欠かせないものであり、それをつくるには、役割分担とか分業とか「ウィン・ウィン」の相互利益といった〈合理的関係〉ではなく、全体的な個人同士の関係にする必要があるということだろう。

## 社外に拡がるネットワーク

スマイルズは、２０００年に当時三菱商事の社員だった遠山正道さんがコーポレートベンチャー（社内起業）として設立し、２００８年、ＭＢＯにより株式１００％を取得し独立した会社だ。そのためか、スマイルズの社員には社内起業する者や複業をもつ者が少なくない。会社もそれを支援し、また独立するときの投資などの支援も用意している。複業のプラットフォーム的なサービス（「業務外業務」と呼んでいる）として、たとえば、スマイルズのウェブサイトには、社長の遠山さんを含めて、14人の「複業人」が紹介されている。

スマイルズという会社には、退職金制度や企業年金がない。そのことは、入社した社員が定年まで勤めるということをそもそも予定していないということなのではないかと思われる。

**ＭＢＯ(Management Buy-out)**
企業の合併・買収手法の一つ。経営陣（あるいは従業員）が自社の株式や事業部門を買収して、オーナー経営者として独立することを指す。

社員が会社を設立するときの登記などを助けている朝倉壮太さん（経営企画本部経営管理部、２００６年中途入社、４７歳）は、「独立を応援する制度はあるけど、みんながするわけではない。個人の夢の実現は応援する、出資という形で。株主になれば応援もしやすいから」と言う。確かに、会社の出資で独立した人はそれほど多くはないようだ。

ただ、スマイルズという会社が、社員が起業して独立することを当然のことのように想定していると言うことはできるだろう。そして、それは独立起業した元社員やその会社とのあいだに、単なる投資先という関係性を超えて、「共感的関係性」のネットワークの一つの形態として、社外の企業や（元）社員との関係を維持するという目的があるように思う。

２００６年、新卒でスマイルズに入社、その後２０１４年に社内ベンチャー第一号として、「トイレット」というバーを出店し、独立した武宏さんは、「ちょうど人事の沢田さんがいらっしゃったばかりの頃で、小さい会社を50個ぐらいつくるぞ、という機運があった」と言う。武さんが１８０万、スマイルズが１５０万の出資で出店し、店に飾っている絵画はスマイルズの

**バートイレット（bar Toilet）**
SST、パスザバトンを経た武宏氏が店長を務める新宿一丁目のバー。店内にはパスザバトンでも扱っていたアンティークや、遠山氏が買い付けた現代アート作品も並んでいる。１６７頁参照。

所有物だそうだ。

この話に出てくる「沢田さん」とは、現在パスザバトン事業部長をしている沢田夏樹さん（2014年中途入社、46歳）のことで、沢田さんはインタヴューの中で「私が人事部に入ってきてからは、スマイルズらしさではなく、自分らしさを育てていいよ、ということをプッシュしました。新入社員研修でも事業立ち上げについて勉強させて、経営陣の合宿とかもやって。Smash（スマイルズ社内報）とかも始めて、主体性[2]を高める仕掛けをしてきた。そうしてバーとかスナックとか『一冊の本屋[3]』とか、『雨上株式會社[4]』が始まった」と語っていた。そのバーがトイレットである。

武さんは、スマイルズとトイレットの関係について、「仕組みとしては、関連会社の面倒を見ている川村洋一さん（関連会社管理室、44歳）が担当してくれている。税理士、社労士さんも紹介してもらった。プライベートでは、遠山さんがたまに来てくれる。2軒目とかで使ってくれる感じ」だと言う。ただ、武さんがワールド・ミートボール・クラシックという違う形態の店を出店するときに、「（スマイルズの）経営会議には出してもらったけれども反応が悪

**2**　「主体性」は「スマイルズらしさ――5感」の4番目に掲げられている言葉で、「私たちは、批評家や観客ではなく、自らが発想し、自らが手をあげ、自らバットを振る、個が強いチームを目指します。個性的でユニークでありながらも、仲間との連携と補完によって、結果的に全体を高めていくことを目指しています」という説明がついている。

**3**　森岡書店のこと。2015年、スマイルズとタクラムの共同出資により「一冊の本を売る本屋」として生まれ変わる。およそ1週間で1種類の本を販売し、その本に関する展示も開催。翌週にはまた別の一冊の本が店頭に並ぶ。

**4**　スマイルズのクリエイティブディレクターだった平井俊旭氏が立ち上げた、地域おこしと企業の連携をサポートする会社。

く、ダメだなと思って政策金融公庫から融資してもらった」ということもあり、それ以上のつながりはないようだ。

現在スマイルズで働いている人たちが、起業や複業についてどう考えているかというと、たとえば、大手コーヒーショップチェーンから転職して、ＳＳＴやジラフ、のり弁[5]などの店舗の出店にあたって、出店戦略を考え、物件を選定する仕事をしている佐藤英明さん（市場開発部、２００６年中途入社、３７歳）は、「勤めあげよう、にこだわってはいない。ただ、今すぐ独立して何かしたいというわけではないし、考えていない、というのが本音」と話す。

ＳＳＴブランドコミュニケーション部で社内外の広報業務を担当している石井厚子さん（前職は広告代理店、２０１７年中途入社、３５歳）は、スマイルズの社員について、「みんな『スマイルズの武器』を持っているな、と思う。複業になり得るものや、ライター業とか、自分の好きなことを（持っている）。では、長くいることの価値は？ということも感じる。長くいることに固執していない感じもした」と言う。

また、地域密着型のフリーペーパー制作会社と大手ＩＴ企業の2社を経て

5 「刷毛じょうゆ海苔弁山登り」のこと。２０１７年、ＧＩＮＺＡ ＳＩＸ内に開業。主なお弁当が１０００円（税別）〜と高価格帯ながら、人気を博し、現在は築地、東京駅、新橋駅と全4店舗で展開。

スマイルズに入社した山口克哉さん（ＳＳＴブランドコミュニケーション部部長、２００７年中途入社、３７歳）は、「子育て中の親へ向けた本の販売」を複業としており、「個人事業主として、少しずつですが展開しています」と話す。

社員が起業独立することを常態とし、独立した社員や彼らの企業とのあいだでネットワークをつくることがスマイルズの狙いなのではないかと述べたが、現在のところ、それらが――最近強化されているクリエイティブ本部のコンサル業での外部の取引先を含めてもいいかもしれないが――、「スマイルズが関わるとこうなった」という、多様な事業の星からなる星座のような社外ネットワークを形作るというところまではいっていないようにみえる。それは、一つには、社内起業をしたり複業をもつ社員は少なくなくても、本業の業務が忙しく、多くの場合、開店休業状態で、独立と言えるところまで到達している場合が少ないということが挙げられるかもしれない。

それにまた、遠山さんも言うように、「やりたいことって、実はそうそうないんです。仕事をやっている人間であれば、仕事って簡単じゃないことはわかっていますから。そこに突っ込んでいくのは大変です。私だってスープとかたつたいくつかやってきただけ」ということなのかもしれない。ただ、この社外ネットワークの可能性は、社内のネットワークとも顧客や取引先とのネットワークとも異なっており、展開できれば、違った多様性や創造性のもととなる「摩擦」をスマイルズという会社にもたらしてくれるのではないだろうか。

## 3 「実業 ∧ 妄想」という二重構造

### 「実業と妄想が得意です」

スマイルズ代表取締役社長の遠山正道さんは、スマイルズのウェブサイトに挙げられた「遠山正道からのメッセージ――世の中の体温をあげる」を、『実業と妄想が得意です』なんて言っています。／でも、実業は大変ですよね」という言葉で始めている。そして、実業について、でも、うちのメンバーは、それぞれのブランドが大好きで、真面目で、大切な仲間がいて、お客さまとのやりとりに一喜一憂して。最近、そんな彼らから、愛を感じます。

スマイルズが出来て15年、愛なんて言葉は今まで出てこなかったけれど、彼らの真剣な表情をみていると、それを感じます。

だからビジネスにウソがあってはいけない。誇れるものでなければいけない。実業って、人がいて、愛があって出来上がっているんだな、と思います。

と書いている。

ここでは、「妄想を実現すること」である実業には、仲間とのつながりとビジネスでの誠実さ[6]という意味での「愛」がなくてはならないとされている。

愛というつながりや感情は、ツリー状の分業によるシステムにおいて、役割

6 「誠実」も、「スマイルズらしさ――5感」の2番目に挙げられている言葉で、「私たちは、自分自身に対して、嘘や偽りがなく、愛情と思いやりを持って、誠実であることを何より大切にします。そして自分自身を取り巻く、お客様、仲間、協力会社、社会に対しても自他隔てなく、誠実な姿勢で接するように努めています」と説明されている。

や能力や機能といった部分に縮減された人間からは生まれない。「全体的な個人」同士の関係（すなわちネットワーク）からしか現われないものだ。

しかし、実業にはシステムもまた必要になる。個人の妄想とそれに対する共感から立ち上がったプロジェクトでも、それを遂行・継続していくには、分業や役割分担が欠かせないし、責任の所在を明確化しなければならず、プロジェクトを管理することも必要となってくる。また、新しく入ってくる社員たちに、スマイルズの理念を伝えるだけではなく、事業を遂行するための基本的なマナーや技能を身につけさせる社員教育もやらなくてはならない。

遠山さんの最初の著書『成功することを決めた』にも、立ち上げ当時のスマイルズの不振と経営改革について、次のように書いてある。

> 私は常々、大企業によくみられる、閉塞感のある縦割りの仕事の仕方が嫌いでした。それよりも感性を重視し、素敵な会社を作ろうと立ち上げたのがスマイルズです。仕事の仕方も、デザインや雑誌編集、レコード製作などのような「プロジェクト型」が良いと思ってきまし

た。背広もネクタイもしないで、異業種の才能が意見を交換しながら物事を決めていく、あの感じです。私はそれを、「スパゲティ型」なんて呼んでいました。

しかし、これは「攻めるに強く、守るには弱い」やり方であることもわかってきました。社内の誰も、店舗の営業の結果に責任を持つ構造になっていなかったのです。私は自分の認識が甘かったことを思い知りました。

「スパゲティ型」から「定食型」へ。おかずがきちんと仕切りに収まっている幕の内弁当のようなイメージです。分業して、それぞれの仕事に責任を持ってもらう。個人の個性を信頼し尊重すれば、自分たちらしくできるはず。とにかく、そう信じることにしました（遠山、2011）。

遠山正道『成功することを決めた――商社マンがスープで広げた共感ビジネス』新潮文庫（2011）

このことは、序章で述べたように、どんな組織においてもシステムとネットワークがともに必要だということを意味している。しかし、システムが必要だからといって、縦割りのツリー状のシステムに規定された組織に戻るわけではない。

システムとネットワークのバランスや、どんなシステムとネットワークをつくっているかは組織によって異なっており、そのバランスやシステムの様態、ネットワークの様態がその組織を特徴づける。20世紀の大企業（「従来型」の会社）では、ツリー状のシステムが前面に出て、ネットワークは「シャドー・システム」でしかなかったが、「会社っぽくない会社をつくる」ということで始めたスマイルズにおいては、ネットワークが前面に出てきて、もはや実業においてもシステムのほうがシャドーとなっている。

もちろん、初期の失敗にみられるように、実業においてはシステムや役割分担や責任の所在の明確化や管理は必要なことだ。ただスマイルズでは、あきらかに、実業よりも妄想の方が重要とされている。さらに、その実業においても、システムよりもネットワークの方が大事だとされており、そのことが社員のあいだで共有もされている。スマイルズでのシステムとネットワークの二重構造は、「システム ∧ ネットワーク」という二重性になっており、「実業 ∧ 妄想」という価値づけになっている。

遠山さんは私たちのインタヴューで、「ビジネスでも、『なんで始めたんだっけ?』というところを常に振り返っていくことが必要。ビジネスは〈子どものまなざし〉と〈大人の都合〉のどっちもがあって成り立つ。ピュアな子どもの理由から始まるのに、いつからかそれを忘れてしまうというのはダメだと思う」と話している。この「子どものまなざし」と「大人の都合」という言いかたは、「妄想」と「実業」に重なっているが、どちらも必要であるということを前提としながら、「子どものまなざし=妄想」から始まったことを忘れてはならないと、前者のほうに重点を置いている。

「妄想」という語は、スマイルズの社員たちにとってもキーワードになっている。前に引用したインタヴューで人事部の天野さんは、「スマイルズのおもしろさとは、妄想や個人の思いを持続可能なビジネスとして実現することができること」と、妄想という言葉を使っていたが、農産物の輸入商社とコンサルティング会社を経てスマイルズに入社した経営企画本部・経営管理部の朝倉壮太さんも、スマイルズの基本は、「妄想はしましょう」「自分事にしましょう」ということにあると言っている。

また、大手自動車メーカー、北海道での地域起こし協力隊を経てスマイルズに就社した麻生ゆきさん（クリエイティブ本部 広報部、2018年中途入社、31歳）は、実業と妄想の対立を、後述の豊島さんと同じ左脳と右脳という言葉を使いながら、「スマイルズ（もしかするとクリエイティブ本部だけかもしれないけど）はとにかく右脳が強い。それは前の会社の人と比べても格が違う。ロジカルに考えていると、たとえばどのメーカーも同じ結論にたどりつくことになると思うけれど、それですべての商品がヒットしたり、成功しているわけではないはず。MBA式のマーケティング、左脳型のビジネスだけでうまくいかないこともあると思う。そういったときにはやっぱり右脳と左脳の往復がいいものをつくると思う。野崎さんは右脳と左脳のバランスがすごい。たとえば、パスザバトンのギフトを考えるとき、『パスザバトンの顧客は30代の女性でしょ? そうするとギフトというと、もらい慣れているし贈り慣れているはず。時間もないだろうし、楽に気が利いたものを一ヶ所でバシッと買いたいんじゃないかな』とか。そういうストーリーが瞬発的にぱっと出てきて、それがしっかりハマっている。遠山さんもそうですが、そういう妄想力がすごい」と話す。

さらに、野崎さんの本でも「妄想」という語は頻出するキーワードになっている。たとえば、

> スマイルズのブランディングの基本的な考え方として、いわゆるブランドマネジメントはしていません。ブランドを〝管理〟するのではなく、このブランドだったら何をするかなという『妄想』を重視しています。
>
> 通常のブランドマネジメントというのは、コンセプトが先にあります。それを体現するための規則や枠組みがあって、そこから施策が導かれていくんですね。要は、仮にこんなことをやったら面白い！とひらめいても、はじめに決めた枠組みから逸脱することは非常に難しい。

> スマイルズの場合は逆で、『あ、何かこれいいな』という素直な感慨や、トキメキみたいなものを重視しています。スープストックさんならきっとこれをするはずだという妄想をテコにして、結果的にスープストックトーキョーというブランドの形が変化していく（野崎，2019）。

と述べ、それを「管理＜妄想」という不等式で表わしている。

野崎亙『自分が欲しいものだけ創る！』日経BP（2019）

## 実業・システム面を担う人々

スマイルズは、遠山さんの「妄想」を事業にした会社という側面がある。遠山さんは「実業と妄想が得意です」と言っているけれども、社員からは、「妄想の人」だと思われているようだ（もちろん良い意味で、だが）。社員の目には、実業のシステムや管理の面を担っているのは、遠山さんではなく、他の幹部たちだと映っている。その代表的存在が、2016年にSSTがスマイルズから会社分割して株式会社になったとき、スマイルズ副社長からSST取締役社長になった松尾真継さん（2004年中途入社、41歳）である。

豊島正樹さん（弁当事業部兼ジラフ事業部 事業部長、４４歳）によれば、「最近はあまり言わないけど、スマイルズには発想チーム・右脳派（遠山、野崎とか）、ビジネスチーム・左脳派（松尾とか私）がある」と言われていたという。スマイルズでは、妄想チームと実業チームが協働しているということだろう。

松尾さんは、日商岩井（現、双日）、ユニクロを運営するファーストリテイリングを経て、スマイルズに入社した。ユニクロでは新規事業の野菜販売事業を任されたが、うまくいかなかった。松尾さんがスマイルズに入社したとき、ＳＳＴはまだ「三菱商事の掌の中でやっていた部分もあって……それ（ＳＳＴ）をきちんと仕組みとしてつくり上げる仕事から手をつけた。『問屋の人が挨拶してくれないんですよー』とか言ってるくせに自分からは挨拶しないヤツとか、発注書にグチャグチャの字で書きなぐっておいて、数が違ったらキレるヤツとか、喧嘩していった。事業がうまくいかないことを経験していたので、このままいったらダメになるという感覚があった。それを生かせたと思う。転校ばかりしていたけど結局どこでもリーダーになってきたというのもあって、適応するために空気には敏感だったし」と言う。

そして、「当時の若手幹部２人と僕で、遠山さんから経営を預かったつもりでやろう、という形になった。３人の中では末っ子だったけど、最後は僕が担う役割になった」と言い、「で、２００８年にＭＢＯでスマイルズが三菱商事から独立するとき、遠山さんからは社長をやってくれと言われたけど、そのとき僕にはお金がなかった。株を買うお金も、連帯保証するお金も。だから遠山さんに社長をやってもらって、副社長になった。実質的な経営は僕がやるということでそうなった。誰かが守ってくれる状況ではなくなって、しかも遠山が『これやりたーい』とか言うのをかじ取りしながらやってきた」と話す。

このように、経営や社員教育といった実業のシステム面（松尾さんはこれを「きちんと仕組みとしてつくり上げる仕事」と呼んでいる）は、松尾さんが中心になって担ってきたようだ。

また、スマイルズの人事本部長、管理本部長（それまで松尾さんがやっていた役職）を経て、２０１７年から経営企画本部長兼パスザバトン事業部長になった沢田夏樹さんは、「パスザバトンに来た理由は２つあって。一つは、

『人』『お金』『組織』をやってきた視点から見ると、パスザバトンはそれすべてに改善の余地があると思っていた」からだと話す。そして、「パスザバトンも、つくったときの作品性[7]はすごく高かった。けど、人が関わって運用していく中で常にバージョンアップが必要だった。売上げが上がっているのに利益が上がらない。つまり、こちらの想い入れに合わせてコストを無制限にかけてしまうようなところがあって、お客さんは喜んでくれるけど、働き手が疲弊してしまうという、そういった矛盾があった」と言う。

つまり、松尾さんや沢田さんのような人たちがスマイルズの実業の仕組みや社員教育をしているということなのだろう。しかし、誤解してはならないのは、スマイルズで実業のシステム面を担っている人たちも、「システム＜ネットワーク」、「実業＜妄想」という価値の不等式を自分の中に受容しており、また（役割分担を離れた）それぞれの全体的な個人としても、共感や妄想という要素を強くもっているという点だ。

松尾さんは、SST社長として、「SST改革のとき、『生活価値の拡充』だと堅いので『世の中の体温をあげる』にした。最初のうちは『ちゃんと目

7 「作品性」も「スマイルズらしさ──5感」の3番目に挙げられている言葉で、「私たちは、資本や規模の大きさにとらわれることなく、私たちが納得して思い描いたシーン（未来予想図）の質や意義、高い感度を持っていたいと思います。身近な日常から題材を見つけ、大げさすぎず、必然性、品性、洗練、素朴、驚き、ときめきなどを内在させ、スマイルズがやるとこうなった、という提案をし続けていきます」とある。

をみて会議してくれ！　一回ＰＣ閉じよう！』というところから強く言い、その代わり売上げ伸ばさなくてもいいから『世の中の体温をあげる』ことを考えよう、ということを伝え続けた。利益を上げるためにコスト削減ばかりしてたらどんどんお客さんにとって魅力がなくなっていく。だから、コスト度外視でやってよし、としたら見事に赤字。それでも、17人の新入社員が一人も辞めなかった。パートナー（アルバイトの人をこう呼ぶ）さんもやる気を出してくれた。そのためにパートナーさんも気軽に投稿できるサイト（ＷＥＢ社内報）をつくって、社長が真っ先にコメントを返すみたいなことをした。採用の方法もガラッと変わって。『こんないいことありました！』みたいな話がどんどん集まってきて、あと一段階あげるにはどうしようかというところです」と話し、また冗談めかして、自分と遠山さんを比較して、「僕はいつまでも『モテたい』んです。年齢性別問わず誰からも。遠山さんは『憧れられる』と言いますけど、僕はそれだと距離が遠すぎる感じがするので、あえて『モテたい』と言っています。僕はスマイルズを『モテる』会社にしたいですし、遠山さんは『憧れられる』会社にしたいんです。それでいいんです。明るく開いていて豊かで熱い人でありたいと思う」と言う（社員たちの松尾さん評は「まさに熱い人」である）。この「モテたい」、「モテる会社にしたい」という言葉は、「憧れ」という言葉以上に「共感的関係性」の対象となりたいという思いを的確に表わしているだろう。

そして、「事業は作品だと思う」と言う沢田さんも、パスザバトンに来たもう一つの理由として、パスザバトンの「人と人とをつなぐ」というコンセプトへの共感を挙げ、そのバージョンアップとして、「たとえば、それまでのパスザバトンの物販のスタイルをＡ、その後の京都の『たすき』でやっているかき氷とかをＢとすると、ＡからＺまでをやってみたいと考えています。パスザバトンのコンセプトは素晴らしいと思っているので、そこでいろいろな表現をしていきたい。それはおそらく、価値観と価値観のぶつかり合いが戦争になるのか、ＬＧＢＴＱとかそういったダイバーシティにつながるのか、というようなところに関わっていると思う。かつてやっていた仕事ではできなかったことが、パスザバトンではできるという実感はあります。このコンセプトに基づいていできることは、Ｚまでいくかどうかはわかりませんが、ま

**お茶と酒 たすき**
パスザバトン京都祇園店内に併設されている飲食スペース。２０２０年６月、新風館に２号店が、９月に近藤悠三記念館（京都市東山区）に３号店がオープン。

だまだたくさんある。もちろん資本主義経済の中でやるので、モノとかサービス、それに価値も含めて交換をやっていかなくてはならない。その前提のもとでできることをやっていこうということ」と語っている。これも、野崎さんが、妄想を大事にするというときの、「スープストックさんならきっとこれをするはずだという妄想をテコにして、結果的にスープストックトーキョーというブランドの形が変化していく」というやり方と重なっているようにみえる。

要するに、スマイルズでは、「実業 ∧ 妄想」（「大人の都合 ∧ 子どものまなざし」という二重構造――実業も妄想も共に必要不可欠であるが、妄想のほうを大事にするという二重性）を社員が受容したうえで、それぞれが全体的な個人として、自分の中でのバランスを、自身の状況や周囲の状況にあわせて柔軟に変えていくということを目指しているように思われる。【小田亮】

# 第2章

# スマイルズは
# ビジネス・モデルにならない

## 1　数字は目的にならない

### 利益や拡大を目的としない会社

ここまでは、スマイルズという会社が「普通の会社」とは違うと言うとき、いわゆる「従来型」の大企業を「普通の会社」としてイメージしていることを前提に、それとは異なる組織をもっていることを示してきた。このような組織の変化は、他のベンチャー企業ともいくらかは共通しているところでもある。しかし、スマイルズが普通の会社と異なるのはそれだけではない。そのユニークな点として特筆すべきは、利益や会社の成長や拡大（あるいは継続までも）は、それだけでは目的にはならないと考えていることであり、マーケティングはしないという方針を打ち出していることだ。それはまるで非営利組織（NPO）であるかのように聞こえる。

弁当事業部兼ジラフ事業部 事業部長の豊島正樹さんも、スマイルズは「『あそび』が許される会社ではあると思います。でも、20年でわずか5事業しかない。つまり、結構ハードルは高いんです。あなたがそれをやりたい理由はなに？と問うことが根底にある。……僕も入社当社は戸惑いました。利益が第一にないって、かなりおかしいですよ」と言い、「事業は成長せずとも、世の中に気づきを与えられて、働く人が満足できればそれでいいのかなと思う」とも言う。

「利益は目的にはならない」ということはスマイルズの会社説明会でも謳われているようで、大学を卒業後、２年間青年海外協力隊でアフリカに行って就職したという田中梓さん（ＳＳＴ人材開発部、２０１５年新卒入社、２９歳）は、「説明会に行ったら蓮田さんが担当されていて、ブランド事業の説明に、『利益は目的にはならない』と書いてあって、それにビビッときた」と話す。

私たちのフィールドワークのお世話をしてくれた蓑毛萌奈美さん（クリエイティブ本部 広報部、２０１５年中途入社、３３歳）は、フィールドワーク中の雑談で、パスザバトンの事業での投資回収について触れたとき、「投資を回収することの優先順位が低いというか回収スパンが長いのは、スマイルズならではの価値観だと思う。１００本のスプーンでも、こだわりの食材を調達するために料理人やスタッフがかなり

**１００本のスプーン**
コドモがオトナに憧れて、オトナがコドモゴコロを思い出す。そんな思いを叶えられるファミリーレストラン。東京・二子玉川と清澄白河（東京都現代美術館）、立川、豊洲、神奈川・あざみ野の5店舗で展開。１７６頁参照。

の頻度で生産者や産地を訪れたりと、非効率な部分もある。『まずは価値づくりをしっかりやって、もうけは後からついてくる』みたいな考えは結構根強くあって、数字の責任を負う事業部長はそのバランスを取るのが難しいと思う」と話していた。

「ビジネスチーム・左脳派」とされている松尾真継さん（SST取締役社長／スマイルズ副社長）も、第1章で紹介したように、「利益を上げるためにコスト削減ばかりしてたらどんどんお客さんにとって魅力がなくなっていく。だから、コスト度外視でやってよし、としたら見事に赤字。それでも、17人の新入社員が一人も辞めなかった」と話しており、利益を後回しにしている。

また、規模の拡大を目標としないというのも、成長＝拡大を前提としてはじめて成り立つ資本主義というシステムにおいては珍しい。しかし、1997年に遠山さんがまだ三菱商事の社員だったときに書いたスープストックトーキョー（以下、SST）の物語形式の企画書「スープのある一日」には、（SSTの店舗数について）「MAX50店舗程度」とある。現在、実際にはそれ以上の店舗数になっているが、狭い範囲内に複数の店舗を出店する「ドミ

**ドミナント出店**
チェーン店が同一商圏内に集中的に出店する経営戦略。市場占有率を向上させて、独占状態を目指すのが目的。

ナント出店」を進めたりした結果であって、最初に決めたことでも柔軟に対処するというスマイルズの姿勢の表われの一つであり、拡大路線に変更したわけではない（遠山，２０１３）。

遠山さんは私たちのインタヴューの中でも、「三菱商事なんかでは、百億くらいの規模でないとプロジェクトとは呼ばなかった。でも、いまは需要が大きくて供給を工夫していけばよい時代ではない。子どものまなざしは百億のお金は生まないけども、小さくても何かを始めることはできる。そっちの方がいまの時代に合っていて、百億を目指さねばならないことの罪悪は大きいんじゃないかな」と語り、また「数が多い方がエライ、とは全く思っていません」「そもそもでっかいもの、量的な規模には憧れないんです」とも言っている。

大手コーヒーショップチェーンに勤めていた市場開発部部長の佐藤英明さんは、「店舗の数よりも、質という見方が全く違うと思った」と言い、その他の点についても、「（スマイルズは）個人への裁量が大きい。こうしろ、ああしろという型がない。それがないと困る人には向かないかも。個人事業主

遠山正道『やりたいことをやるというビジネスモデル』弘文堂（２０１３）

みたい。プロセスがチェックされないので。あと、何が正しいとかの基準がない。だから5年後、10年後どうなってるかがわからない。いまが一番いい、という視点の積み重ね。そこが一番違うと思う」と話す。

豊島さんが言うように、「でもその先には、もちろん儲けられるかどうかがある。経営層にはその辺の感覚は当然ある」のだが、利益や拡大が優先されない、それは第一ではないという考えは、スマイルズという会社のすみずみに浸透していると言える。

## 継続を目的にしない会社

スマイルズの特徴をどう捉えているかという質問に「他の会社では、ノウハウや前例があってやり方も制限されると思うんですが、ウチは『世の中の体温をあげる』という共通目的の中で、達成するためのやり方や表現の仕方を自由に発想することを推奨してくれる。自由なところと守るところのバランスがしっかりしていて、はっきりしていると思う」と答えたSST物販事業部で卸・催事営業の仕事をしている東野真人さん（2006年新卒入社、35歳）は、

「入社時、『数年後にこの会社はあるかどうかわかりません』とはっきり言われていて、そのうえで『何がしたいですか?』と聞かれたのが印象的だった」と話す。

採用のときの面接で、「数年後にこの会社はあるかどうかわかりません」という会社は珍しいだろう。たいていの組織は継続することを自己目的化しがちで、そのために目標やビジョンや計画というものを設定している。しかし、スマイルズには、パスザバトン事業部長の沢田夏樹さんが言うように、「(スマイルズの特徴は)目標がないこと。ビジョンがないことです。5年後、10年後にどうなっていたいのか、たとえば売り上げなんぼ、店舗数なんぼ、ということがない」。

沢田さんは、「スマイルズはビジョンがないのに続いているというのは不思議です」と言う。そして、「『いつまでやる』ということは言わない。事業というものは価値提供できる限り永遠に続けていくべきものか、ということを問うんです」とも言う。このことは、佐藤さんの言う「5年後、10年後どうなってるかがわからない。いまが一番いい、という視点の積み重ね」ということつながっているだろう。

また、仙台のアパレル会社、東京のインテリア会社で人事担当をした後、専業主婦を経て、アルバイトでスマイルズに勤めて社員になった池本雅子さん（経営企画本部 経営管理部 人事グループ グループリーダー、４６歳）は、「いままでの会社と比べて、雰囲気、働く人は違うなとは思う。私もずっとそれ（スマイルズの特徴）を考えてきた。一つは遠山さんが、会社の目的を『利益』『計画』に縛られないという方なので、数字がどうこうとか、トップダウンでどうこうということはない。その代わりに『価値』という言葉をすごく使う。『価値』があるならばやってみよう、というところはいままでになかった」と言う。つまり、「利益」や「計画」よりも、数字では表せない「価値」が優先されているのである。

組織としての会社がビジョンを持たず、計画も立てず、将来の目標も設定しないということを前提としたうえで、採用時に「あなたは何がしたいですか？」と尋ねるというのは、「自分がやりたいこと」という「妄想」を常に基点とすることとリンクしている。つまり、組織よりも個人の妄想を優先せよということであり、組織は個人の妄想を実現させるためにあるということなのだろう。その組織が継続せずになくなっても、個人の妄想がしっかりあれば、また別の組織で実現させることができるという考えがそこにはあるように思える。

前職が大手ＩＴ企業という山口克哉さん（ＳＳＴブランドコミュニケーション部部長、３７歳）は、「マーケットが縮小してきたのでダメですというのはダサい。それでやめてしまうならば本当に自分自身がやりたいことではなかったということになる」と述べ、「ここ（スマイルズ）で感じるのは自分事として仕事をしているという印象」と言う。この「自分事」というのもスマイルズではよく聞くキーワードであるが、自分事として仕事をするという視点において、組織の継続が第一の目的になることはないだろう。

しかし、それは、会社と距離を置くというのとは違っているようだ。山口さんは、「それは愛社精神とは違う?」という質問に対して、「愛社というよりは愛ブランドというか、魂の共有的なところがあるように思う。前職では数字を追ったりしていてもやもやする部分があったけど、ここに来てお客様の喜びとか、そういったところがストレートに追究されている気がします」

と答えている。数字の達成は自分事の喜びとはならないけれども、直接に顔を合わせている顧客の満足は自分事になるということなのだろう。そのような自分事を大事にしているのであれば、利益や拡大といった数字で表せる計測可能なことが目的にならないというのは、決してきれい事ではなく、当然のことかもしれない。

## 2　マーケティングはしない

### 「まがいものの社会」の出現

スマイルズは「マーケティングをしない」という。スマイルズ経営企画本部経営管理部の朝倉壮太さんは、スマイルズの基本の一つに「マーケティングはしない＝自分たちのしたいことを世の中に出す」ということがあると言う。

取締役の野崎さんも、本の中で「僕たちはまず、事業の企画や開発にあたって従来型のマーケティングは基本的に行いません」と述べ、「では何を重視するかというと、いま、目の前に見えている未来のお客様とどういう関係性を持つかということ」と書いている。そして、「社会という朧気《おぼろげ》な対象に対して、『こうあるべき』と考えるよりも、例えば自分自身や自分に非常に近い〝誰か〟といった、具体的な『個人』を対象として、この人を喜ばせたい、ワクワクさせたいと考えています」と言う。この具体的な、顔の見える「個人」を基点とするというのが、第1章（39頁）で紹介した「N＝1から始まる」ということであり、「このスタンスにおいて、アンケートを取るとかペルソナを設定するといったマーケティング的アプローチは大して必要ないわけです」と言っている（野崎，2019）。

では、なぜ普通の会社がマーケティング・リサーチを必要とするようになったのだろうか？この問いにマーケティングの教科書は答えてくれない。既にマーケティング・リサーチが必要だという前提から、マーケティング・リサーチの種類とやり方を教えてくれるだけである。しかし、「マーケティングをしない」というスマイルズのやり方が何を意味しているのかということを明らかにするためには、その問いから考える必要がある。

野崎亙『自分が欲しいものだけ創る！』日経BP（2019）

その答えは、野崎さんの言葉を借りて言えば、近代になって「社会が朧気な対象になった」からである。人類学者の竹沢尚一郎によれば、「社会」を表す英語やフランス語の〝society〟や〝société〟という語は、もともと「仲間」や「社交」という意味で、顔をつき合わせる関係を意味しており、いまでもフランス人は、「フランス社会」などといった全体社会を指すような使い方はしないという（竹沢、２０１０）。

大規模な社会を指す語がなかったのは、19世紀になるまで実質的にそのような大規模な社会がなかったからである。それ以前まで、人は顔見知り同士の直接的なつながりからなる小さな地域社会の中で生活していた。もちろん、大きな国家や都市は古くからあった。しかし、人々はその中にあっても、直接的なつながりからなる小さな社会で完結した生活をしていて、同じ国家や都市の中の多くの見知らぬ人たちと（間接的であれ）利害関係や運命をともにするようなつながりをもたなかったのである。

それが19世紀になった頃から、広範囲の流通によって拡大した市場経済と国民国家が次第に実質的な影響を与えるようになり、国家と同じ広がりをも

**竹沢尚一郎**
文化人類学者。国立民族学博物館名誉教授・総合研究大学院大学名誉教授。宗教人類学、西アフリカ研究を専攻。主著に『象徴と権力』等がある。

竹沢尚一郎『社会とは何か』中公新書（２０１０）

つような大規模な社会が出現してきた。つまり、顔も知らず一度も会うこともない大勢の人たちとの、貨幣や法や書類や行政機関といった媒体＝メディアが媒介する間接的なつながりが、自分たちの利害や運命を左右するような実質的なつながりとなってきたのである。

　人類学者のレヴィ＝ストロースは、直接的なつながりからなる小さな社会を「ほんものの社会」と呼び、それよりずっと後になって現われた、貨幣や法や書類や行政機関などの媒体によって間接的に結ばれたつながりによる大きな社会を「まがいものの社会」と呼んだ。そして、社会生活のこの2つの様態の区別が人類学の社会科学に対する最も重要な貢献となるだろうと言っている。[1] しかし、レヴィ＝ストロースは、現代の全体社会が隅から隅まで「まがいもの」であるわけではないと言う。大きな社会の中に小さな「ほんものの社会」が点々と散在しているのであり、人類学者は大きな「まがいものの社会」に包摂された世界の中に「ほんものの社会」を見分けてとり出すことに心を砕く者なのだと（レヴィ＝ストロース，２００５）。

　第1章で、「全体的な個人」同士が共感的なネットワークをつくると同時

**レヴィ＝ストロース（Lévi-Strauss, C.）**
フランスを代表する人類学者。構造主義の祖とされ、主著に『悲しき熱帯』『野生の思考』などがある。

**1**　二つの世界の対比
小田亮「はぐらかし・やり過ごし・じゃれ合い的生活のすすめ」より
https://www.hyj-susume.com/entry/2016/12/07/120000

レヴィ＝ストロース／川田順造・渡辺公三訳『レヴィ＝ストロース講義——現代世界と人類学』平凡社（２００５）

に、共感的なネットワークのつながりが「全体的な個人」を保持するということを述べたが、そのようなことが可能なのは「ほんものの社会」においてのみであり、同時に「全体的な個人」のつながりこそが、「ほんものの社会」を、大きく朧気な「まがいものの社会」の中にあっても保持し続けることができるのである。

## 「まがいものの社会」が生んだマーケティング

話をマーケティングに戻そう。知り合い同士の直接的なつながりからなる小さな地域社会の小市場では、マーケティングは必要とされない。近代以前の地域社会では、自分たちで食料も衣服も履物も道具も生産していたが、それらは自分自身や自分がよく知っている人たちに向けてつくっていた。近代以降になっても、流通や販売が小さな地域社会内部でほとんど完結していれば、家族構成や暮らしぶりをよく知っている人たちを対象に売るのにマーケティングは必要とされない。

しかし、近代になって、分業によるつながりが広がってくると、商売は知らない人たちを対象にしなくてはならなくなる。柳田國男が指摘しているように、近代になって日本の農村は「純農化」し、農の営みも職業となった（柳田，2001／2017）。衣服や道具を自分たちで生産する代わりに、都市の工場で生産した商品を買うといったように、農村は農業だけを行なうところとなり（それが「純農化」ということだ）、その農業も自分たち向けではなく、都市向けの商品作物を生産するようになる。こうして、農業は狭い地域を越えた大きな社会の中の分業化された一つの職業へと変わり、農村の人々は都市の工場製品の消費者となるとともに、純農化によって余った農村の労働力は都市の工場労働者となっていったのである。

このように小さな地域社会が広大な「まがいものの社会」の中に組み込まれることによって、市場は顔の見えない不特定多数の人々や法人からなる、朧気なものとなり、各企業は、そのような市場の中の不特定多数の人々や法人を、統計を用いて属性別に分割し、どのようなクラスターにターゲットを絞るかというマーケティング的アプローチを必要とするようになる。しかし、マーケティングにおいては、ビッグデータを駆使して統計の情報量を大きく

**柳田國男**
民俗学者。日本列島各地や日本領の外地を旅して、民俗・伝承を調査、日本の民俗学の確立に尽力した。主著に『遠野物語』等がある。

柳田國男『明治大正史』中公クラシックス（2001）
柳田國男『都市と農村』岩波書店（2017）

しても、どんなに属性を増やしてクラスターを細かく分割して「少衆」にしても、ターゲットは顔のない数字でしかない。

確かに、大量に生産する商品（多品種少量生産でもトータルは大量となる）を不特定多数からなる市場で販売するとともに、常に規模の拡大をしなければならない大企業にとって、マーケティングは必要不可欠なものだ。しかし、それによって属性の束に還元された消費者は、取り換え可能な数字としてしか扱われない。消費者が商品によって掻き立てられた欲望を満たすためにそれを購入しても充足されることがなく、さらなる欲望に駆り立てられるだけなのはそのためだろう。そのような欲望の充足それ自体が、単なる数字に還元されることを意味するからである。

遠山さんが「子どものまなざしは百億のお金は生まないけども、小さくても何かを始めることはできる。そっちの方が今の時代に合っていて、百億を目指さねばならないことの罪悪は大きいんじゃないかな」と言っているのは、百億円という数字を目指すビジネスが、決して人を満たすことはないからなのだろう。

人は、入れ替え不可能な「全体的な個人」として扱われてはじめて満たされる。スマイルズという会社がマーケティングをしない、不特定多数を対象としないというのは、顧客を数字に還元された取り換え可能な存在としてではなく、顔のある取り換え不可能な「全体的な個人」として見ているということに他ならない。言い換えれば、顧客と（そして会社の同僚とも）「ほんものの社会」におけるような顔の見えるつながりをつくろうとしているのである。

もちろん、それは小さな地域社会で完結した小市場を相手にするということではない。スマイルズは「まがいものの社会」の中の大きなマーケットを相手にビジネスをしている会社なのだから。しかし、レヴィ＝ストロースが言うように、「まがいものの社会」でも隅から隅まで「まがいもの」であるわけではない。人類学者が「まがいものの社会」の中に「ほんものの社会」を見分けてとり出すことができるように、そこに「ほんものの社会」の関係性を見出すことはできるだろう。

その方法が、野崎さんの言う「N＝1を基点とする」ということであり、

「社会という朧《おぼろ》気《げ》な対象に対して、『こうあるべき』と考えるよりも、例えば自分自身や自分に非常に近い〝誰か〟といった、具体的な『個人』を対象として、この人を喜ばせたい、ワクワクさせたい」ということなのだろう。

しかし、「まがいものの社会」の中で、「自分自身や自分に非常に近い〝誰か〟」という「具体的な個人」（＝「全体的な個人」）と関係性をつくるためには、自分もまた「全体的な個人」とならなくてはならない。言い換えれば、顧客とのあいだにスマイルズというブランドや組織を媒介として入れないような関係性を作り上げる必要がある。それが「自分事として仕事をする」ということにつながるのだろう。

### 不特定多数を対象としない「小商い」

「まがいものの社会」の中で「ほんものの社会」を見出すためには、ビジネスの規模を拡大するのとは反対の方に向かう必要があろう。遠山さんは、店舗やプロジェクトについて規模を大きくするよりも「小さなものがたくさんあった方がおもしろい」と言っているが、これは、最近よく使われる言葉を借りれば、スマイルズが「小商い」の集合体[2]を目指していると言うことができるかもしれない。

「小商い」のおもしろさについて、伊藤洋志は『小商いのはじめかた』という本の中で、「自分で品物を考え、値段を決め、お客さんに出会い、提供し、対価を得る、その過程で人間的な対等なやり取りが成立する。そのプロセスを全部体験できるから」と述べ、「産業革命以後の働き方は、ちょっと分業しすぎ」で、そのようなプロセス全部を体験できなくなっていると示唆している（伊藤，２０１４）。そして、「シンプルで強力なおすそわけ的小商い」という章で、伊藤さんは、次のように言っている。

> 何か仕事を起こそうというときに、まず部外者の友人知人に聞かれがちなのが「ターゲットは?」「ニーズ調査は?」「本当に大丈夫?」などなどです。
> 「ちゃんとリサーチしなきゃいけませんよね、大人なら」という無言の圧力で行動を起こせず、消えていくアイデアは無数にあります。

**2** スマイルズを「小商いの集合体」と称したのは、編集者の加藤聖子さんであるが、遠山社長自身もスマイルズのビジネスを「『個』商い」と呼んでいる。

**伊藤洋志**
仕事づくりレーベル「ナリワイ」代表。個人が小さく始められる生業を複数持つことの実践と研究に取り組む。主著に『ナリワイをつくる』『フルサトをつくる』等がある。

伊藤洋志監修／風来堂編『小商いのはじめかた』東京書籍（２０１４）

この章には、そんなまどろっこしい人が登場しません。なぜなら皆、自分自身があったら使いたいと思えるサービスをやっているからです。少なくとも世界で1名だけは、それを喉から手が出るほど欲しい、と思っている人がいる（自分自身です）ところからスタートしています（伊藤，2014）。

また、平川克美は、『小商いのすすめ』という本において、経済成長の時代が終わったいま、「小商いの時代」になっていると言い、「小商いとは、自分で売りたい商品を、売りたい人に届けたいという直接的につないでいけるビジネスという名の交通であり、この直接性とは無縁の株主や、巨大な流通システムの影響を最小化できるやり方」（平川，2012）なのだと述べる。

伊藤や平川の言う「小商い」は、どこかスマイルズのやり方と通じていよう。伊藤は小商いには分業がなく、マーケティングも必要ではなく、自分自身という「N＝1」からスタートできると述べ、平川は、小商いは「自分で売りたい商品を売りたい人に届ける」という「全体的な個人」の直接的なつ

伊藤洋志監修／風来堂編『小商いのはじめかた』東京書籍（2014）

**平川克美**
実業家、文筆家。大学卒業後、内田樹らとともに翻訳を主な業務とするアーバン・トランスレーションを設立。主著に『移行期的混乱』などがある。

平川克美『小商いのすすめ――「経済成長」から「縮小均衡」の時代へ』ミシマ社（2012）

ながりによるビジネスだと言う。

もちろん、個人営業の小商いとは違って、スマイルズは、分社化した株式会社スープストックトーキョーを含めると、社員300名以上、アルバイト1,800名以上の会社であり、他の人の事業のコンサルティングや出資、インキュベート（支援・育成）も行なっている企業である。しかし、それらの事業を含めて、企業でありながら、「全体的な個人」のつながりによる「小商いの集合体」たろうとしている点が、スマイルズという会社のユニークなところだと言えよう。

## 「世の中の体温をあげる」と「価値」

既に述べたように、「世の中の体温をあげる」ということがスマイルズという会社の理念として、パートナーと呼ばれるアルバイトスタッフにも社員にも浸透している。とりわけ、スマイルズからSSTが分社化したとき、取締役社長に就任した松尾さんが会社の理念を「『生活価値の拡充』だと堅いので『世の中の体温をあげる』を核にした」こともあってか、SSTで働く人たちは、私たちのインタヴューの中でも、この言葉に触れることが多い。

しかし、その意味は感覚的すぎていまひとつわからない。けれども、これまで書いてきたことを踏まえながら、スマイルズで働く人たちのこの言葉の使い方を通して、そのあいまいさの意義を探ってみたい。

この言葉の意味がよくわからない理由の一つは、「世の中」が何を指しているのか不明だという点にあるのかもしれない。スマイルズのウェブサイトで読むことのできる「世の中の体温をあげる」というタイトルの遠山さんのメッセージの終りの部分には、

> 文化ってなに？価値ってなに？
> 足し算引き算ではでてこない、きっと大事なもの。
>
> そんなことをいつも想っていると、今まで気がつかなかった山を、あるとき発見する。勇気をもって、皆で汗かいて、登ってみる。工夫して、苦労して、腹を決めて、登ってみる。

> いつしか、頂上に辿り着く。
> だれも見たことのない景色が目の前に、バッと拡がる！
> これか！って、みんなで驚きながら、しばし見とれる。皆を呼びよせる。そんな見たことのなかった彼方の景色を、『価値』ってよんでみたい。
>
> そんなときが、世の中の体温がちょっとあがったとき、なんだと思います。

とある。

これを読むと、山に一緒に登ることで見たことのなかった景色という「価値」を見つけることが「世の中の体温をあげる」ことになっているから、ここで言う「世の中」は「まがいものの社会」のような大きな社会ではないようだ。それと同時に、ここでは「価値」というキーワードと結びついていることも確認できる。そして、この「価値」も数字で表せる客観的な価値ではないだろう。つまり、「誰にでも」という非人称の価値ではなく、具体的な「誰にとって」という人称性が伴っている価値なのだろう。しかし、ここにも、「誰にとってなのか」というあいまいさがある。

このように、「世の中の体温をあげる」という理念は確かにあいまいなものだが、そのあいまいさゆえに、そこに個々人のそれぞれの思いを込めながら、同時に共有できるものとなっているとも言える。つまり、このあいまいさは「全体的な個人」同士のつながりをつくりやすくしていると言えそうだ。その点に気を留めながら、スマイルズで働く人たちのこの理念についての語りを見ていくことにしよう。

### あいまいな理念を自分のものにする

「スープストックトーキョーの理念は一つ。『世の中の体温をあげる』こと」と言うＳＳＴ人材開発部の田中梓さんは、「世の中の体温をあげる、このことを本気で考えている人が多い。売上とかコストとかももちろん考えているけども、こうやったら喜んでもらえるとか、世の中が良くなることを優先しちゃう。子どもっぽいというか、ワクワク感で働いているのが実感」と話す。ＳＳＴブランドコミュニケーション部の山口克哉さんは、「我々はスープ屋さんではない、というのはどこかで聞いたと思いますが、スープを通じたお客様への働きかけを考えているということです。それを言葉に表わしたのが『世の中の体温をあげる』というものです。……数字ではなく人に働きかけるということがそこに表われていると思う」と言う。

　田中さんも山口さんも、「世の中の体温をあげる」ということを、顧客に喜んでもらうこと、顧客に働きかけることとして考えているようだ。そして、そのことを田中さんは「世の中が良くなること」だと表現し、山口さんは、「数字ではなく人に働きかけるということ」と言い表わしている。

　また、ＳＳＴ物販事業部の東野真人さんは、「卸、催事をやっているのは、いろいろなところで食べていただくきっかけをつくって、スープのおいしさを知ってもらう――『世の中の体温をあげる』と我々は言っていますが――仕事に関わっていると感じています」と言い、「他の会社では、ノウハウや前例があってやり方も制限されると思うんですが、ウチは『世の中の体温をあげる』という共通目的の中で、それを達成するためのやり方や表現の仕方を自由に発想することを推奨してくれる」と話す。

前にも引用したが、「スマイルズも『スマイルズらしさ』を推してはいるけども、それは『あなたがやりたいことは何ですか』『そこにあるストーリーはなんですか』を問うことで、『スマイルズ色に染まれ』ではない」と話していた須田しおりさん（経営企画本部 経営管理部 人事グループ、３９歳）は、「『体温をあげる』でも、メラメラではなく小さいこと、道ですれ違って声をかけるとか」と言う。

このように、東野さんは、顧客にスープのおいしさを広めることを「世の中の体温をあげる」ことと捉え、須田さんは、「道ですれ違って声をかける」といった「小さなこと」を例として挙げる。

パートナー（アルバイトの呼び名）としてＳＳＴで働き、後に社員になり、現在はＳＳＴ取締役をしている江澤身和さん（ＳＳＴ取締役 ブランディング本部兼人材開発部長、３６歳）は、「１，６００人以上いるＳＳＴのパートナー（アルバイト）について、「ＳＳＴというブランドを体現するとき、どう見せるかも大事だけど、見せるのは一人ひとり。なので、どうやって（ＳＳＴとしての）価値観と個人の思いを重ね合わせていくかが大事」と語る。そして、「『体温をあげる』の理念をどう取り組みとして実行したか？　それを発表する場」であるパートナーが主役の成果発表会を実施している。「ブランドが人格を持てば、そこに共感することで、主体性も生まれる」と話す。そして、江澤さんは、「世の中の体温をあげる」ということについて、「『体温をあげる』（という言葉）は一緒でも伝え方や表現の違いはある。それが個性。合う人の真似をしていくことが大事。燃えさかる炎より、青く、でも芯のある炎がいい」と言い、「ＳＳＴ社長の松尾さんと私じゃ全然伝え方が違うと思う。一面だけだと、引く人が増えるだけ。自分はアルバイトをきっかけに今に至り、共感しているからこそ居るのだけど、あまりわかりやすい表現はしていない。ひねくれてるのかもしれないけど、表に出すのをためらう」と言う。

江澤さんの言うように、スマイルズで働く人たちは「世の中の体温をあげる」という理念は共有していても、その表現は一人ひとり違っている。「スープストックトーキョーの店舗が身近にない方に向けて自分たちの商品を少しでもお届けし、喜んでもらうことがミッションだ」と言う東野さんは、

「さまざまな企業様に共感していただき協力をしてもらいながら、一人でも多くのお客様に今後も商品を届けていきたい」と言う。他方、「『常にポジティブであれ』とか言われるとやだな」と思っている須田さんは、すれ違ったときに声をかけるといった些細なことに「体温をあげる」ということを実感している。その違いが江澤さんの言う「個性」であり、このあいまいな言葉を自分事に引きつけて解釈しているのだろう。

なかには、私たちのインタヴューに、「世の中の体温をあげる」ということがわからないと正直に答えた人もいたし、また、この理念の共有が新卒や中途採用で新しく入ってきた人たちにとっては困難になっていると感じている人たちもいる。

クリエイティブ本部でウェブデザインを担当する高橋信二さんも、「『世の中の体温』とか『5感』とか、『いいこと』に対してちょっと冷めている人は、中途採用の社員に多いと思う。自分もそういったところはあった」と言う。「でも近年は、より能動的に取り組んで楽しく満足できる仕事をしようというマインドになっていった」と言う。そして、「『いいこと』を表現する言葉は既に持っているので、それが遠くになってしまわないようにしないと」と話す。

　クリエイティブ本部広報部の麻生ゆきさんは、「最近、社内でのあらゆる情報やイメージの共有が難しくなっていると感じている。すべての事業がつながっているはずで、その先に『世の中の体温をあげる』という目指すものがあるはず。グループで３００人以上になって、共有が難しくなる規模になっているのかもしれない。インナーブランディングをきちんとしないと、という感じになっている」と言う。また、私たちが参加を許された会議において、経営企画本部 経営管理部 人事グループの池本雅子さんは「『価値』とか『体温をあげる』というのに苦難している若い人もいる」と発言していた。

　けれども、「世の中の体温をあげる」という理念の共有は、同じ意味や同じ価値を共有することではないという点が大事なのだろう。だいいち、このあいまいな言葉の「意味」を共有することは困難であるし、スマイルズにおいて「価値」は「N＝３００」にとっての価値ではなく、「N＝１」にとっての単独的な価値であり、それは人によって違うものとされる。同じ景色を見てもその景色の価値は人それぞれでばらばらであるが、その景色は共有しているというのが近いのかもしれない。

だから会社が同質の集団になる必要はないし、むしろ同質になってしまっては、「自分のやりたいこと」や「妄想」も同じになってしまい、そのあいだに「摩擦」も起きなくなってしまう。「スマイルズらしさ」の「5感」の1番目の「低投資高感度」には、「必然性と品性のともなった質の高い提案が生まれる必要条件は、社内外を問わず、その仕事に携わっている人々の知恵、感度、情熱、工夫、既成概念にとらわれない考え方同士の摩擦です」とある。つまり、その仕事に携わっている人々が同質であれば、「質の高い提案が生まれる」条件である異質な考え方同士の摩擦が生まれないのである。

SST人材開発部の蓮田文也さんが、「人事をやっていて、『体温をあげる』に惹かれる人がたくさんいるのに驚いた。入社以前はちょっと宗教っぽすぎやしないかと懸念していたけども、それは杞憂だった。理念は連呼するけども、商売をするための方法はきちんとやる。だから、『体温』だけにワーッと惹かれる人は採用されない。誰かが何かをしてくれる的な依存する人も採用していない」と述べているのも、「世の中の体温をあげる」ということだけに惹かれてくる人たちを集めても同質的な集団になってしまうからだろう。

まず「自分」という「全体的な個人」であること（つまり「N＝1」であること）、そのような唯一無二の存在であってはじめて、共感的な関係性や考え方同士の摩擦が生じる。もともと人は「全体的な個人」であり、唯一無二の存在であるから、それは難しいことではないはずだが、役割や「キャラ」といった入れ替え可能な存在でいることに慣らされてしまった人たちに、それを教えることが難しくなったということなのかもしれない。

## 3「スマイルズさん」という人格

### ブランドや会社を人格化する

遠山さんは、伝説の企画書『スープのある一日』とは別に、ＳＳＴのコンセプト・イメージをスタッフに共有してもらうために、ＳＳＴという会社・

ブランドを「秋野つゆ」という一人の女性の人物に置き換えて、そのプロフィールを描いている。最初にその頁をぼんやりと見ていたときには、スープストックトーキョーの顧客のイメージ、つまりターゲットを描いたものかと思ったのだが、そこには、「Soup Stock Tokyoの目指すものは………彼女の目指すもの、理想そのものです」と書かれていて（遠山，２０１１）、ＳＳＴというブランドを擬人化したものと気づいて、驚いた。そうやって会社を始めるのは他に例がないのではと思う。

　そこには、「秋野つゆ」は「人の事はあまり気にせず、個性的。人と同じ事は恥ずかしいこと。あまり、細かい事は気にしない、大雑把。しかしこだわりは強い」というタイプの女性で、彼女の信条は「『こうじゃなきゃいけない』という考えは、持たない」、そして彼女の理想は「個性的で魅力的な人、凄い人などと出会う事。その人たちと共有する考え・感性を具体的な形で社会に投げかけ、個人や、個人の集合である社会に対し、少しでも充実する様な提案をしていく事」とある。それらは、確かに、スマイルズやＳＳＴという会社のコンセプトや姿勢や思想を表わしていると言えよう。

遠山正道『成功することを決めた――商社マンがスープで広げた共感ビジネス』新潮文庫（２０１１）

しかし、「秋野つゆ」のプロフィールには、「プールに行ったら、いきなりクロールをしていた！」とか、「椎名誠は、かつおの刺し身と彼女の料理のファン」とか、ＳＳＴのコンセプトにとって必要なのかと思うようなものまで書き込まれている。これは小説家が小説の登場人物のプロフィールを細かいディテールまで作り上げるのに似ているのかもしれない。

では、会社やブランドを人格化する効用はどこにあるのだろうか。遠山さん自身は、既に触れたように、コンセプト・イメージをスタッフに共有してもらうために「秋野つゆ」という人物を作り上げたと言う。確かに、事業を立ち上げる前に、「スープストックトーキョーらしさ」というコンセプト・イメージを共有するためには有効だったであろう。しかし、新しい事業が開始された後で、さまざまな問題が起きたとき、「秋野つゆならどうするだろうか」という形で、秋野つゆのイメージが臨機応変にかつ幅広く有効に働くのは難しいかもしれない。小説の登場人物ならば、小説家が言うように、小説の中で登場人物が独り歩きして勝手に動くことがあるかもしれないが、現実の中で「秋野つゆ」が独り歩きするには、時間の経過が十分ではないからである。

遠山さんによれば、ＳＳＴの事業開始当初、とある危機に見舞われた際、現場では、顧客から褒められたり売上げをあげたりするために、ＰＯＰを出してみたい、ポスターも欲しいということが熱く語られたという。しかし、「きっとそれは遠山さんが駄目と言うだろうな」「普通のファストフードっぽいと言われるかも」「ダサイと言われたらどうしよう」という不安が蔓延し、その不安を取り除くために遠山さんは、現場の美意識と情熱を信頼することを宣言した（遠山，２０１１）。

このエピソードからわかることは、現場の判断基準がまだ「遠山さん」であって「秋野つゆ」ではなかったということだろう。遠山さんの宣言の後、現場からいろいろなアイデアが出され、そのいくつかが功を奏し、そこに付け加えられた新たなイメージが「秋野つゆ」に重ねられ、独り歩きしていったかどうかは定かではないが、その可能性もあっただろう。ただし、その後になると、スマイルズの事業がＳＳＴだけではなくなることもあり、その可能性は、「スマイルズさん」という会社自体の人格に委ねられたと言えるだ

遠山正道『成功することを決めた——商社マンがスープで広げた共感ビジネス』新潮文庫（２０１１）

ろう。

遠山さんは、山崎亮氏との対談で、パスザバトンについて、「『スマイルズがリサイクルをやったらこうなった』というふうに面白いことができたらな、と発想した」ということを、「『スマイルズさん』という人物の思想としてのアイデア」だと言っている。「秋野つゆ」から始まった会社やブランドの人格化は、「スマイルズさん」という人格に受け継がれているのである。

クリエイティブ本部広報部の蓑毛萌奈美さんは、ウェブサイトの採用のページに載っている[3]「〝スマイルズさん〟という人格を考える」と題された文章の中で、「最近は〝スマイルズさん〟という人の性格やその伝え方をよく考えます。『Soup Stock Tokyo』や『遠山正道』だけではない〝スマイルズさん〟。その多面性をどう伝えていくのか。その方法のひとつとして、『場』を作るということをしてみたいと思っています」と書いている。

「Soup Stock Tokyo」や「遠山正道」を離れた「スマイルズさん」という人格が、蓑毛さん以外の社員の人たちにどれくらい意識されているのかはわからない。少なくとも、私たちのインタヴューの中で、「スマイルズさん」と

**山崎亮**
ランドスケープデザイナー。地域の課題を地域に住む人が解決するためのコミュニティデザインに携わる。主著に『コミュニティデザイン』などがある。

**3** 執筆当時。現在、採用ページの内容は更新されている。

いう人格に言及した人はいなかった。野崎さんも本の中で、スマイルズのブランディングの特徴の一つとしてブランドの人格化を挙げて、「スープストックさん」＝「秋野つゆ」の例を出しているが、「スマイルズさん」という人格には触れていない（野崎，２０１９）。

けれども、蓑毛さんの言う「Soup Stock Tokyo」や「遠山正道」だけではない「スマイルズさん」という人格には、「スープストックさん」や「ジラフさん」といった各ブランドの人格化に比べても、おもしろい可能性があるように思う。そのことを少し考えてみたい。

## 「スマイルズさん」の可能性

先に挙げた対談で、山崎亮氏は、遠山さんの「スマイルズさん」という人物への言及を受けて、「今の事業は全て遠山さんが発想されていて、遠山さん色で共通していますが、[4] これからはスマイルズの社員が、『スマイルズさん』を意識しながら事業を提案して、走らせる。そうすれば、本当の意味でスマイルズ色になっていくということでしょうね」と言っている（山崎，２０１４）。

野崎亙『自分が欲しいものだけ創る！』日経ＢＰ（２０１９）

4　この対談以降、ファミリーレストランの「１００本のスプーン」など、遠山社長の発想ではない事業やプロデュースが誕生している。

山崎亮『ハードワーク！グッドライフ！』学芸出版社（２０１４）

ただ、「スマイルズさん」を意識しながら提案するというだけなら、これまでも、「スマイルズが〇〇したらこうなった」という、スマイルズ色を意識した事業の提案はなされていただろうし、そのフレーズも社員たちの意識の中に浸透していた。そのうえに「スマイルズさん」という会社の人格化がなぜ必要なのか、あるいは「スマイルズが」と「スマイルズさんが」との違いはあまりないのでは？という疑問が出てくるかもしれない。

しかし、会社を具体的な人として人格化するとき、社員一人ひとりがその人格の中に含まれるという点で、「自分事」と会社との距離が異なってくると言えるのではないか。つまり、「スマイルズさん」という人格化の場合には、自分事が直接に（内在的に）仕事（＝会社）に結びついていくのに対して、「スマイルズなら……」という場合には、会社やそのイメージはあくまでも個々人の外側にあり、会社のコンセプト・イメージを自分事として内側から（あるいは下から）形成していくというよりも、外在的な（会社の）イメージに自分を合わせていくということになりやすいのではないか。

その違いは、社員たちへのインタヴューから感じられたものだった。すなわち、スマイルズ色ないしはスマイルズらしさが社員の仕事のうえでの判断基準になっているのだが、それが外在的な枠や規制として感じられることがある。たとえば、ＳＳＴ物販事業部の石川栄二さんは、「他社は売り抜いて終われるけど、うちは、利益を守りつつブランドも守らなくてはならない。『百貨店には卸すけど、総合スーパーには卸さない』など。値崩れを防ぐために、値引きもしないしセールもしない。商品は高いけど、そのブランド価値を守らなくてはならない」と話す。このとき、守らなくてはならないブランドは、自分に外在するものとなっていることがわかる。

クリエイティブ本部でウェブデザイン担当の高橋信二さんは、スマイルズでの仕事について、「『こういうのはやらないよね』といった禁止項目が多い企業だと思う。『ブランドのコンセプトやトーン』が社内に浸透している。それはスマイルズにあてはまっていて、おもしろくないという部分もある。シンプルで誠実なトーンの会社だからこそ、『打って出る』ことが抑制されている部分が多い。たとえばパスザバトンは、ブランドの枠組みが分厚く、鉄壁のように守られているため、熱狂的なファンには伝わるけど、わかりづらい部分もある。ウェブへの訪問者は『知ろうとしてくれている人』だから、ブランドトーンに縛られすぎてはいけない。できるだけわかりやすく、情報や活動内容が伝わるように、印象を変えて提案してみた」と言っている。

ここでも、トーン・アンド・マナー（デザインの統一感・一貫性）としての「スマイルズらしさ」は、自分を外から規制する「枠」として感じられている。もちろん、高橋さんは、その「枠」に自分を合わせるのではなく、それを柔軟に広げようと、自分から提案もしている。それは、まさに「全体的な個人」としての自分（「N＝1」）からの発想だと言えるだろう。しかし、そのような提案をしていても、「スマイルズらしさ」は個人に外在するものと捉えられている。

また、パスザバトン事業部 事業部長の沢田夏樹さんは、第1章でも引用したインタヴューで、人事部長のときを振り返って、「私が人事部に入ってきてからは、スマイルズらしさではなく、自分らしさを育てていいよ、ということをプッシュしました。主体性を高める仕掛けをしてきた。以前は、遠山さんが中心にいて、彼がやりたいことを社員が遂行するという会社だった。

それを、一人ひとりに主体性を持たせるようにシフトしていった」と語っていた。これは、「遠山さん」を離れて社員一人ひとりが「全体的な個人」を保持するために有効な方策だったと言えよう。

ただ、ここでも、「スマイルズらしさ」と「自分らしさ」は互いに外在的なものとして語られている。それは確かに、（山崎氏が言う）「遠山さん」離れをするために必要だったと思われるが、社員一人ひとりの主体性がスマイルズらしさを作り変えていくためには、個人がユニーク（唯一無二の存在）、すなわち「全体的な個人」のままでつながって、共同体（「共＝コモン」）をつくりだすことが重要となってくる。

## 「スマイルズさん」独り歩きの行方

スマイルズのオフィスでフィールドワークをしていて、私たち（熊田、阿部）が最初に感じたことは、ＳＳＴ[5]とパスザバトンとジラフといった各事業で働く人々の雰囲気がそれぞれ違うということだった。それは、自分のやっている事業・ブランドに対する愛着が強いということの表れでもあろう。

5　ＳＳＴは分社化したが、オフィスは同じままである。

また、働く人それぞれが個性的であるというのは、全体としてのスマイルズらしさをつくるうえでむしろプラスになることであろう。けれども、社員数が多くなってきている現在、たとえばパスザバトンで働く人たちが「SST もジラフもやっているスマイルズらしさ」を意識することは少ないのではないか。

さらに、いまクリエイティブ本部は、コンサル事業やプロデュース事業に力を入れている。このことも、それが外部との共感的関係性をつくりだすとしたら、「スマイルズらしさ」を高める契機ともなる。しかし、コンサル・プロデュース事業の中には、一見すると、スマイルズがやらなくても?と思えるものや、「スマイルズが〇〇したら」という感じがしないものもある。

問題は、スマイルズらしさが個人としての社員の外側にある限りは、それは個人の発想を規制する枠として機能するだけになってしまうだろうということである。そうならないためにも、個人がスマイルズらしさに同化するのではなく、個人一人ひとりの中で勝手に活き活きと独り歩きするような「スマイルズさん」という人物を造形することが必要となるのである。

もちろん、社員たちがただ「スマイルズさん」を意識すればいいわけではない。それだけでは、その人格が個人の外側にいるままになり、「スマイルズなら……」という単なるブランドイメージと変わらなくなってしまう。「スマイルズさん」が実在する具体的な人のように感じられ、しかも自分の中に「スマイルズさん」がいて、自分が「スマイルズさん」の中にいると感じられるような人格となるには、個々人がばらばらのままでは難しい。そのような人格化のためには、社員一人ひとりが全体的な個人として、これまた全体的な個人としての「スマイルズさん」と共感的関係性を結ぶだけではなく、社員が全体的な個人同士の共感的関係性をつくることが重要となる。全体的個人からなるネットワークが「スマイルズさん」を育むのだ。

それには、（ウェブサイトの採用ページで）蓑毛さんも言っていたように「場」が大事になるだろう。それは何も特別な空間である必要はない。研修やキャンプや慰労会など、名目はどのようなものでもいいが、何の目的もなく雑談したり、ただ顔を合わせたりという場にする。注意すべきは、その場に一緒にいるメンバーを自由に選択できるようにしないということだ。自分で選べるような集団はどうしても同質の仲良しグループになりがちで（SNSなどのネット・コミュニティがその典型である）、雑多な人がともにいる場にはならないからである。

そのような場を会社が設定することによって、全体的な個人同士のつながりとしてのゆるやかな共同体ができる。そうすれば、「雑」としての共同体が「スマイルズさん」という具体的な人物を作り上げ、個人の中で「スマイルズさん」が生きて独り歩きするといった状況を生む可能性は高まるだろう。逆に言えば、「スマイルズさん」が独り歩きするためには、逆説的に聞こえるかもしれないが、共感的関係性のネットワークが必要なのである。【小田亮】

# 第3章

# スマイルズにいる人たち

## 1　はじめに

スマイルズで調査を始めてすぐに抱いた印象は、「みんな、なんかいい人」である。クリエイティブ本部広報担当の蓑毛さんが予め「今日のインタヴュースケジュール」を手配してくれて、前日までにメールをくれる。当日は社員が一人ずつ、仕事中にもかかわらず時間を割いてくれる。30分程度ということでお願いしていたが、時間を超過しても快く応じてもらえることが多かった。やはり、いい人。インタヴューを重ねる中で、やがてその印象は確信に変わっていった。ここでは、まず「いい人」という言葉を手はじめのステップにして、スマイルズで働く人たちについて考えてみたい。

## 2　「いい人」の強み

いい人であるという印象は、スマイルズで出会う人たちの気安さというか、壁のなさというか、そんなところから来ているのかもしれない。そこにはたぶん、東京とアムステルダムで性風俗・売春の調査をしてきたという調査者の経歴も関わっている。そうした仕事をしている人にインタヴューを試みようと声をかけて、「しっしっ」と邪険に追い払われることもあったからだ。だからなおさら、出会った瞬間から笑顔を見せてくれるスマイルズの人たちのいい人ぶりが心に染みたのかもしれない。インタヴューを引き受けてくれた彼・彼女たちは、しばしば調査の趣旨から脱線して趣味や食べ物の好み、学生時代の部活の話まで根掘り葉掘り尋ねてしまっても、笑顔のままあけすけに答えてくれた。レモンサワーと秘湯巡りが好きだとか、地元では東京よりも断然日本酒が安く飲めて名物の「はらこ飯」とも相性がいいとか、「カバチタレ！」（行政書士のドラマ・漫画）に憧れて法学部に入ったけれど別に法関係の仕事を志してはいなかったとか、「アムロちゃんみたいな」ヒップホップジャズを練習しているとか。海外旅行で（ここではちょっと書きにくい類の）びっくりするお店に行った武勇伝に盛り上がってしまい、気づけば予定の時間をとっくに過ぎていたこともあった。沈黙を避けるためにこちらが気を遣うといったことはほとんどなく、十人十色の実にさまざまな話を、しかも丁寧にしてくれるのだ。

特に初対面の相手とのインタヴューは、あたりさわりのない話だけで終わらせようとしたり、話の出し惜しみをしながらこちらに対して優位に立とうとしたりと、ある意味で駆け引きが繰り広げられることもある。しかし、ことスマイルズでの調査では、そうした気配が漂うことはほとんどなかった。相手のプライベートな事柄まで知りたがる人類学者にとって、どこか後ろめたさを覚えながら会話をつないでいくことがままあるのだが、そういった瞬間もなかったというのが実感である。中途採用でスマイルズに入ってきた麻生ゆきさん（クリエイティブ本部広報部、３１歳）は、「前職では共通の敵をつくることでチームの結束を強化したりするのがあたりまえの世界だったけれど、スマイルズではそういう風潮はなく、足の引っ張り合いとかがない。雑味がないというか」と話していた。私たちが調査をする中で感じたあけすけさ、垣根の低さも、「雑味がない」スマイルズの雰囲気に通ずるものがありそうである。

スマイルズのおもしろさを物語ることの一つに、商品やサービスだけでなく、そこで働く人にもファンがついているという点が挙げられる。たとえば、本社ビルで社員が入れ替わり登壇するトークの会では、スマイルズのイベントに頻繁に足を運ぶいわば「常連」が来場していたが、実際にスマイルズの社員とのインタヴューを続けていると、それも頷けるようになってくる。「スマイルズが出すものなら」という商品への安心感には、社員がいい人であり、誠実であることへの信頼に由来する部分がありそうである。このような「人」の魅力は、スマイルズを支える主柱の一つに数えられるのではないだろうか。

消費者の一人として、お金を払う相手が信用できるというのは、とても大切なことだと思う。商品がつくられるプロセスが見えない状況のもとでは、利益をあげるために「ずる」しているかも、という疑念を拭い去ることができない。とりわけ食べ物に関しては、「本当にちゃんとつくっているのかな」とふと不安になることもあるが、企業が大量生産しているような商品の場合には、そのプロセスを目で見て確認することは難しい。だからこそ、信頼できる人の顔が見える商品やサービスを買いたいと思う。「いい人」が働いているということは、やはりスマイルズの大きな強みになっているだろう。

## 3　ＳＳＴの誠実さ

私たちが実際に対面して感じた「いい人」という印象は、分社化しながらもスマイルズというブランドの基盤となっているスープストックトーキョー（以下、ＳＳＴ）が培ってきた「誠実さ」のイメージとも通底しているように思う。コーポレートサイトによると、２０１８年度スマイルズグループ全体としての売上は、１０６億２００万円、その内ＳＳＴによる売上が８６億９，５００万円であった。まさに、ＳＳＴがグループ全体の屋台骨としての役割を果たしていることがわかる。では、ＳＳＴの特徴はどんなものなのだろうか。

第一に、誠実でおいしいということが際立つ。テストキッチンで考案され商品となっているスープの一部はレシピ本として出版され公開されている（ただし、一部は家庭で手に入りやすい材料へと変更されている）。また、主要原材料の原産地、栄養成分、アレルギー成分に関する情報もウェブサイトでオープンにされている。[1] ただし、同じ特徴はたとえば長く地元で愛される定食屋のような場所にも当てはまるだろう。では、ＳＳＴと地元系定食屋との違いはどこにあるのか。それは、端的に言ってずばり「カッコよさ」ではないだろうか。出される食事だけでなく、店の外観・内部にまで統一性を持たせたデザインは、高度に洗練されている［写真3―1，写真3―2］。安心できるおいしい料理を洗練された空間で提供する、つまり誠実さとカッコよさをそれぞれ高いレベルで両立させているのがＳＳＴなのである。

たとえば私は、世の中にカッコいい店がたくさんあることは知っていても、「見かけ倒し」で不当に料金に上乗せされている、つまり「ずるしている」のではないかという気がして、どうしても身構えてしまう。しかし、食と顧客に対する真摯な姿勢を持った人たちが働いていることを知ったことで、ＳＳＴでは安心して食事を楽しむことができるようになった。インタヴューを通じて、誠実さが単なるブランドイメージにとどまらず、社員の気質にもきちんと重なっていることがわかったからである。

1 「食の安心・安全」https://www.soup-stock-tokyo.com/safety/（２０１９年10月26日取得）

SSTブランドコミュニケーション部で働く石井厚子さん（35歳）は、「スマイルズには職人気質の人が多い」と言う。「調和というより、尖った人、主張を貫く人が多いのも特徴」、周囲に合わせるよりも自己主張をはっきり

［写真３—１］SST 広尾店内観

［写真３—２］SST 広尾店外観

とする同僚がたくさんいると言うのである。「職人気質」という表現は、スマイルズを「こだわりを深掘りできる人の集団」（ＳＳＴ人材開発部・蓮田文也さん・37歳）だという意見とも結びつく。入社以来6年間ＳＳＴの現場で働き、その後ＳＳＴ本社に異動してからも店舗の施設管理を担う森川絵美さん（ＳＳＴ営業企画サポート室、２００６年入社、３４歳）は、「ＳＳＴでは調理担当になるための基準を厳しく設定していた時期もあり、２年間働いてもキッチンでの調理担当における作業を習得できないことすらあった」と言う。ＳＳＴがあくまでチェーン展開するファストフード店であることに鑑みれば、この基準を維持するために例外的なコストをかけていると言えるだろう。「職人気質」な気風を本社だけでなく店舗まで共有していることには、品質へのこだわりを感じさせられる。

とは言え、そんなＳＳＴ（当時は分社化されていないので「スマイルズ」）も、かつて事故米を提供していたことで信用を失いかけたことがある。この「事件」の経緯については遠山さんの自伝に詳しい（遠山，２０１１）ため詳述しないが、ＳＳＴに根づく「職人気質」は、大きな困難を乗り越えてきた過程の中で育まれてきたものと考えてよいだろう。そうした過去を経て、現在のＳ

遠山正道『成功することを決めた――商社マンがスープで広げた共感ビジネス』新潮社（２０１１）

ＳＴでは「売ってる商品に関しては社員も好き。食べておいしいと思う部分と、素材にこだわっている安心感とがあると思う」（ＳＳＴ人材開発部・田中梓さん・29歳）という言葉が語られ、「会社のことを好きな人が多い」（ＳＳＴ商品部・広瀬昌大さん・34歳）職場を再び立て直している。この二人をはじめとして、スマイルズで働く人からは「好き」という言葉をしばしば耳にするが、そこには安心して食べられるものを提供している、良心的な商売をしているという自負が現れているようである。

## 4　ＳＳＴのファンとなる客と女性社員

### 「秋野つゆ」という女性

次に、ＳＳＴとその客について考えてみよう。ＳＳＴウェブサイトには次のようにある。[2]

2　「わたしたちについて」https://www.soup-stock-tokyo.com/about/（２０１９年10月23日取得）

Soup Stock Tokyo が創業したのは１９９９年。当時女性がひとりで気軽に入れるファストフードはどこにもありませんでした。安心、安全でおいしい食事がゆっくりと食べられて、働く女性が自分の「居場所」として共感できる場所が必要でした。

そこで想定される「働く女性」とは、たとえば第2章で論じた、ＳＳＴそのものである「秋野つゆ(37歳)」と重なりをもつ。都内に住む「秋野つゆ」さんは、独身か共働きで経済的に余裕があり、都心で働くキャリアウーマンということになっている。社交的な性格でありながら自分の時間を大切にするなど、細かく人物像が設定されていることは既に述べた通りだ。

消費者の側からすれば、「秋野つゆ」という明確なフィギュアに触れることで、ＳＳＴがどのような店であるのかを窺い知ることができ、スタイリッシュで独立した女性が納得できる質の良い料理と、落ち着いた時間を過ごせる場所を想像し期待することだろう。ＳＳＴでは「ほっとする」という表現が多用されるが、それはシンプルではあってもあくまで上品さを保ったまま気を緩めることのできるということであろう。つまり、そこはメイクを落としてスウェット姿のまま「ほっと」する場所でもなければ、「健康への意識が高い」と評判の女性がこっそりとジャンクな料理を平らげて「ほっと」する場所でもないのである。

## ビール開発から見た、スマイルズと女性たち

秋野つゆのような女性は、誰に強いられるわけでもない、ある種のエレガンスを感じさせる。そして彼女を想定してつくられたSSTは、そうした路線から外れることなく女性を心地よくさせることに心を砕く。たとえば、南澤れいなさん（クリエイティブ本部 デザイン部デザイングループ、37歳）が企画・開発に加わった、SSTで飲める「瓶のビール（酵母のピルスナー）」にはその姿勢が表れている。このビールは、（秋野つゆのように明確に）「働く女性のためのビール」として企画されたものであった。香りは敢えて抑え、酵母の自然な泡にこだわっており、南澤さんによれば「お腹が膨れないビール」なのだという。つまりSSTとは、「女性が心置きなくげっぷができる場所」なのではなく、あくまで洗練され

た振る舞いが想定される場所としてある。

　ところで、世の中の「娯楽」はこれまで、男性中心につくられてきたと言っても過言ではない。「居心地がよくおいしい」酒場や食堂の多くは男性客を想定しており、女性は、男性同伴でないと心地の悪い思いをすることはまだ多い。果敢にそういった空間に乗り込む女性は、「女らしくない」とか「おやじくさい」とかいうレッテルを張られる可能性だってある。女性が安心して違和感なく一人でもいられるのは、「かわいい」場所（たとえば甘味処やシアトル系カフェなど）なのである。やや辛辣な見方をするならば、男性たちは、こうした見方を当たり前とすることで、自分たちの「聖域」を守りつつも、女性を「かわいい」つまり扱いやすい存在として飼い慣らしてきた。他方、ＳＳＴでは、女性を「かわいい」に落とし込むのではなく、独立、自立した存在として扱う。たとえば、秋野つゆはいわゆる「与しやすい」という意味での「かわいい」女性ではないだろう。男性からの視線を気にして行動するのではなく、自分の身体に心地のよい場所で、尊厳を持って過ごす。ＳＳＴはこうした女性のあり方を後押ししていると理解することができる。

実際、スマイルズで働く女性の中には、この「秋野つゆ」とどこか重なる部分のある人が多いような気がした。既存の「女らしさ」やジェンダー役割に固執したり自分を縛ったりすることなく、好きなことをする。実行に移す行動力もある。たとえば、地元の町おこしのために会社を設立した人、祭り好きで神輿も担ぐ人、「手作り好き」が高じて生産者が直接農産物を売る「ファーマーズマーケット」のサポーターをしていた人、青年海外協力隊を通じてアフリカで２年間過ごし体育を教えていた人、ＳＳＴの店長をしながら飢餓問題に関わるＮＧＯを取りまとめる団体でも活動していた人。一人で温泉に行く話を聞いていた流れで、「一人だとラーメンは食べてもビールは飲まない」けれど、「ビール飲むなら餃子頼むかも」と語っていた人。シェアハウスが好きで、「いつかマンション一棟を友達で埋めてシェアしたい」という野望を持っている人。これらはほんの一例であるが、独立して生を楽しむような姿勢が、「秋野つゆ」とダブるのだ。

## ＳＳＴでスープを食べるという行為がもたらす作用

他方、そのようなＳＳＴで食事をする客は、理想のあり方へ近づくべく、あるいはそこから外れないようにと自らを律していく可能性がある。ＳＳＴは決して客にそのような強制を行なってはいないにもかかわらず。ＳＳＴだけに限定されたことではないが、店舗で「食べる」行為とは、自分と料理という２つの点に加えて、第３の点つまり「食べる自分がどう見えるか」という「他者の目」が入りうる。ＳＳＴは既に、この、「他者の目」から客が自由でない（可能性が高い）点を鋭敏に察知し、対策を取っている。たとえば、「普通」と「大盛」サイズの器を区別しないことで、「大盛」を注文したことが可視化しにくいような配慮がこれにあたる。「女のくせに大盛を…」といった女性に対する一部のネガティブなイメージを想定しての配慮であることは説明するまでもないだろう。

こうした「第３の点」を客が過剰に意識するとき、食事の際、単に「ほっとする」ことを越えて、「ほっとする自分を見せる」ことが意識され、客がＳＳＴに対して抱くイメージと女性モデルを念頭においた微修正、つまり規律身体としての側面が現われる可能性がある（フーコー，１９８６）。あまりに生真面目な姿勢で臨むと、「秋野つゆ的」女性らしさがいわば「正しさ」、あるいは順守する道徳のようになってしまう恐れがある。つまり、ある種のモデルが絶対的な「善」となったとき、「ほっとしてほしい」という元来の願いが形骸化してしまうということだ。

しかしこの可能性は、以下に検討するように、ＳＳＴそのものよりも、スマイルズが持つ他の特徴によって減じられている。それは、「遊び」という要素である。

## ５　仕事における「遊び」

### 遊び心が仕込まれた企画の数々

インタヴューを重ねていくうちに、スマイルズには際立って「遊び」が看取できるのでは、と思うようになった。たとえば「１００本のスプーン」の公式ホームページには、こんなことが書いてある。

フーコー／渡辺守章訳『知への意志』性の歴史（１）新潮社（１９８６）

**１００本のスプーン**
71頁、１７６頁参照

子どもだって、グラスで乾杯したい。ソファにどかっと座りたい。
お父さんだって、思わずココロを躍らせるような大きなプレートで、あれもこれも食べたい。そんな思いを叶えられるファミリーレストランです。

ここでは、ノンアルコールのワイン（赤、白、スパークリング）が充実しており、子どもたちも大人が「乾杯！」とグラスを重ねるのを羨ましそうに眺めるのではなく、一緒に参加できるようになっている。他方、大人は、他のレストランでは年齢制限に引っかかって頼めなかったり、「もう大人なのだから…」とつい自制してしまったりするお子様ランチを、１００本のスプーンでは堂々と頼むことができる。実際に、大人用のお子様ランチ「リトルビッグプレート」[写真３—３]は看板メニューの一つで、人気も高いという。メニューと売り出し方に仕掛けを施し、大人と子どもをひっくり返すことで生まれる非日常的な楽しさが演出されているのである。言うまでもなく、そうした仕掛けはいずれも、「年齢による差別撤廃」といったお堅い理由でつ

[写真3—3] 看板メニューの一つ「リトルビッグプレート」

くられたわけではないだろう。子どもの頃に感じたことを思い出したり、空想したりしながら、「こんなレストランがあったら楽しいだろう」とつくられたはずである。そこには、このレストランにいるときだけは、常識にとらわれず自由に「遊んで」いいという意図が見え隠れする。

こうした「遊び心」は、SSTが仕掛ける「Curry Stock Tokyo」というイベントにも生かされている。SSTから年に特定の時期だけスープが消え、カレーだけが販売されるというイベントである[写真3—4, 写真3—5]。「スープのある一日」という企画書から始まったSSTが、真逆の「スープのない一日」となること、つまり「スープ専門店なのにスープがない」とい

Curry Stock Tokyo の日のSSTロゴ

う驚きを客に抱かせるという「遊び心」である。

［写真３―４］Curry Stock Tokyo の日の SST 店舗外観①

［写真３―５］Curry Stock Tokyo の日の SST 店舗外観②

## 事例：2016年のエイプリルフール企画

こうしたスマイルズがもつ「遊び」の要素は、結果（企画）だけでなく、それが生まれてくる過程や、社員の姿勢にも多分に含まれている。２０１６年に実施された「エイプリルフール企画」を例に、それを検討していきたい。以下は、この企画を作り実行した４人の社員に、「エイプリルフール企画」を改めて振り返る趣旨の座談会をしてもらった際の話をもとにしている。

「エイプリルフール企画」とは、最終的に「４月１日の贈り物」という名前で、以下の６つの企画として実現した。遠山さんのブログに、６つの「贈り物」の内容がまとめられており、その内容も詳しい。[3]

①世界に一本だけのネクタイをつくれる「giraffe MANUFACTURE」プレゼント　～スタイリストは遠山正道～

②「１００本のスプーン」でコース料理を召し上がれ　～デザートは遠山正道の手品!?～

③「お茶と酒 たすき」で遠山正道と語り明かす夜 ご招待

3　エイプリルフール企画「4月1日の贈り物」 http://toyama.smiles.co.jp/archives/2016-08.html（2019年11月1日取得）

④４／30オープン「also Soup Stock Tokyo」の屋上テラスを貸切
~手土産は遠山手描きのオリジナルアート~
⑤７月オープンの「檸檬ホテル」ご宿泊券~遠山が檸檬ホテルで
待っているかも!?~
⑥遠山正道が１日あなたの会社の社員になります（役職は問いませ
ん）。

以上の「贈り物」の希望者は、スマイルズのウェブサイトから応募し、最終的な当選者は22名となった。以下、企画が生まれたきっかけや実現までの過程を見ていきたい。

## 「エイプリルフール企画」を始めた背景

２０１６年エイプリルフールの約２週間前、クリエイティブ本部プロジェクトマネジメント室の古川豪さん（32歳）が、遠山さんから、エイプリルフールに向けて「なんかやんないの?」と聞かれたことが発端だった。古川

**also Soup Stock Tokyo**
東京・自由が丘で「休日のスープストックトーキョー」をテーマに、スープ料理やアルコールメニューを提供。２０１９年５月末閉店。

**檸檬ホテル**
香川県・豊島にある泊まれる「アート作品」。レモン畑を含む４００坪の敷地を占有する一棟型の宿泊施設。

さんは席が近かった広報の蓑毛萌奈美さん（33歳）とウェブ担当の高橋信二さん（37歳）に声をかけた。[4] 当時、他社は「でっかい嘘」をつくものを中心に、エイプリルフールの特別企画を既にいろいろやっていた。しかしこのスマイルズのチームは、予算はゼロであったし、時間もなかった。「うちがやるなら、嘘ついても誰も喜ばないし、インパクトもないし…」と考えた結果、「嘘みたいなホントのことをしよう」ということになった。

### 文脈：2016年のスマイルズで起こっていたこと

この半年前、スマイルズは「コーポレートサイト」（自社ホームページ）をリニューアルした。直後のアクセスは増加したものの、その後「落ち着いている」状況であった。そこで、エイプリルフール企画をアクセス増加の機会にしたいと考え、サイトに客を呼ぶことを企画目的の一部に組み込んだ。

さらに、2016年は、「also Soup Stock Tokyo」「檸檬ホテル」「パビリオン」のオープンが決定していたので、それら店舗への集客につながる企画にしたいとも考えた。しかし、既にオープンしている店舗との公平性を確保す

4 他もう1名いるが、退社しているためここでは言及しない。

**パビリオン**
LOVEとARTがテーマのレストラン。中目黒高架下に広がる空間で、現代アートとともに食事とドリンクが楽しめる。

るため、「１００本のスプーン」なども含めることにした。

### 企画が決まる

最初に出たのは、「社長交代」という案だった。他社社長と遠山社長を入れ替え、「朝来たら社長が違ってた、みたいな」というものである。さらに、「（社長よりも）一般社員の方がおもしろいかな」ということで、「社長の一日社員」（右記⑥）という企画となった。そこから、「すべてに遠山さんが付いてくる贈り物にしよう」ということになり、右記の６案が出そろった。

### 企画を通す

この企画は、予算はないが、ネクタイ代や料理代など実費がかかるものもあったため、スマイルズの各ブランドの協力が必須だった。

協力、つまり事業部長たちの承認を得るには、「なぜそれ（企画）をやるのか」を伝え、賛同を得なくてはならない。そこで押し出したのは、「スマイルズの共感者を増やすため」「企画の副産物としてサイトの訪問者が増え、スマイルズの考え方が広まる機会になる」という主張だった。直属の上司は「あんま（り）乗ってなかったような」様子で、「『やれば?』みたいな感じ」であったが、熱弁をふるって企画は通すことができた。遠山さんと事業部長たちの了承も得られたが、「みんなで『よーし』みたいな感じじゃなかった（笑）」といった雰囲気で、やはり積極的に後押しをされたわけではなかったという。初めての企画であったこともあり、スタート地点から「警戒心高め」だったのではないか、と3人は回想する。おそらく、お金が実費以外にかからないためノーとは言われなかったのではないか、ということである。

### 準備から実行まで

なんとかゴーサインが出て、次はどうやって応募者を募るかという話になった。コーポレートサイトの訪問者を増やすという意図から、同サイト上に応募システムを構築するというところまではすんなり決まったが、サイト上の仕掛けについてはウェブ担当の高橋さんを中心に議論が重ねられたという。皮切りに、スマイルズのウェブサイトをエイプリルフール企画一色に染め上げて「ジャックする」という案が出されたが、さすがに現実的ではないとして却下される。続いて、関連情報のポップアップバーを「ぴろん、て出る」ようにするという穏当な案や、「遠山正道を探せ」のような仕掛けを施した「宝探し的な秘密の部屋」をサイト上に設けて関心を引こうといったアイデアも飛び出した。

この段階でデザインを担う林美雪さん（32歳）が「巻き込まれる」かたちで企画に参加したことをきっかけに、さらに「贈り物」という表現がキーワードとして浮上し、応募者には「招待状」を郵送するということも決まった。最初はごく普通の手紙のようなものを想定していたが、林さんが「エイプリルフールだから嘘みたいな要素を入れたい」と主張し、巨大な封蠟をあしらった封筒を用意することになる。その流れは以下のようなものだったという。

エイプリルフール企画の応募者に送られた招待状と応募サイト上に登場した遠山正道フィギュア

封蠟は、今川焼に刻印するのに使うような道具を注文して、手作業で行った。注文には2万円程かかったが、「でもいいや、自腹切る」という覚悟で購入した。

当然初めての試みであり、試行錯誤の連続だった。林さんと高橋さんがフライパンで蠟になりそうな素材を溶かし、何個も試作品を作った。そのときは「すっごい大変だった」と言う。最初はプラスチックのような素材を使用したが、封蠟にくっついてしまい、「スマイルズのSのとこを毎回つまようじでとるはめに」なり、失敗。次は「くっきりマットにしたいね」とクレヨンを入れてみた。YouTubeで「封蠟の作り方」を調べながら、ひたすら何十回も試作を重ねた結果、ようやく納得のいくものが完成した。

ふたを開けてみると、いずれの企画内容にも、多くの応募があった。すべての応募内容に遠山さんとメンバーが目を通した。最初は（③「お茶と酒たすき」で遠山正道と語り明かす夜ご招待、以外は）各企画内容に対して1

［写真3―6］100本のスプーンで開催された「ヒミツの晩餐会（試）」

名の当選者と考えていたが、なぜ応募したのかについて「びっしり熱い思いを書いていた」ものが多かったため、総数で22名にまで増やした。選ぶ基準は、「こちらが『いいな』とか共感できること」だったと言う。当選した22名には上述の「招待状」が送られ、落選者に対しても「それでさようならだともったいない」、「せっかく体温あげようと思ったのに（その機会が失われる）」という理由から、１００本のスプーンで「ヒミツの晩餐会（試）」というイベントを催してそこに招待することになる［写真3―6］。

「ヒミツの晩餐会（試）」は、スマイルズの事業として当時出店準備を進め

［写真3―7］石を用いたネームプレート

ていたレストラン「パビリオン」のメニューを決めるための試食会を兼ね、3回にわたって開かれた。企画を進めるメンバーたちは、そこでもまた演出にこだわりを見せている。たとえばテーブルの上に置かれるネームプレートには石を用い、わざわざ名前をスタンプで押して手作りしている［写真3―7］。また、「ロマン」という名称のパビリオン店内でのみ使用可能な独自のコインを、試食会を兼ねた「ヒミツの晩餐会（試）」でも用意している。実はこのとき「ロマン」の実物はまだできあがっていなかったが、普通のコインに塗装を施してやはり手作りしたのだという。その過程でも、コインの凹凸により絵の具が垂れてしまうなどかなりの苦労があったらしく、蓑毛さんは「仕事じゃないのに、これにめちゃくちゃ時間かけてました」と笑う。

当初4月だけで終えることになっていた予定を越えて、その後数ヶ月がかりで終了したこの「エイプリルフール企画」について、高橋さんは「この企画のすごかったところは、最少人数で最短で、絶対ミスれなかったこと」と語る。


悩む暇がなかったから、全員がピースを埋めに行ったっていうか。会って決めて、次会うときまでにやることとして、一切の迷いなく公開に一直線に向かってったというか、自分も初めてのチームプレー経験だったかもしれない。

（相手に丸投げするように）「お願いしまーす」みたいな感じじゃなくて、みんながやるべきことをやってくるというか。すごいメンバーだったと思う。大変だけど楽しんだ思い出の方が強い。

## 「エイプリルフール企画」その後

エイプリルフール企画に参加したメンバーは、予算がつかない中で手作りしていった経験を踏まえ、まさにこれこそ「低投資高感度」の典型で、苦労した分だけ価値のある企画になったと振り返る。さらに企画を終えてから、カフェなどに集まっては同じようなかたちで第二弾、第三弾とイベントを起こしていこうという話がたびたび出るようになったのだと言う。そこでは、「オリンピックに関わりたい」、「4月に3台くらいのワゴンみたいなのでクリエイティブチームが全然違うとこに出発して、頼まれもしないのに行く先々で『これやったらどうですか?』って勝手に企画提案したらおもろそう」といった「やってみたいこと」が飛び交う。

そうした中、ウェブ上で何かおもしろいものを売りたいという話を契機として「遠山さん売るっておもしろいな」というアイデアが浮上し、「遠山正道ドットカム」(「ドットコム」ではなく)というネーミングまで出ていたという。この案は、名称は異なるが実際に「業務外業務」という形でスマイルズの一事業として実現されている。「業務外業務」を始めてからはメディアから「働き方」についての登壇依頼やインタヴューが増え、そこで醸成された「空気」がスマイルズ・SSTの複業解禁につながったのではないか、という意見も聞いた。「エイプリルフール企画」は、参加したメンバーに成功体験をもたらしただけでなく、会社全体にも重要な指針をもたらしたと言えるだろう。

4人のメンバーは、大きな成功を収めたこの企画を振り返って次のように話す。

**古川** 次は20周年じゃないですか？２０２０年なので。出番が（笑）。

**高橋** 個人的には、インディーズ発みたいな。（企画に携わる人数が）大きくなっちゃうと、いろんな人が入りすぎてやりにくいかな。

**蓑毛** 「20周年のエイプリルフール企画」がプロジェクトとして立ち上がり6〜8人くらいアサイン（指名）されてってなると、急に仕事的になり「んー」（考える）みたいに考えちゃう。

**高橋** 「何目的にやる?・」とかなると急に「ひゃー」（と萎縮する）みたいな（笑）。そうなるとちょっと。

**蓑毛**　あの上昇気流はなかなか起きない。

**林**　私たちのお遊びでもありますよね。（一同同意）

**高橋**　ふざけてたからねー。真剣にふざけてたのがよかった。この余韻ていうか、（メンバーが）ばらばらに仕事しても、みんなちょっとずつ（ふざける要素を）持ってるから。クライアントさんとの仕事でも多少ふざけるというか、じゃれちゃう（笑）。そのふしはあった。「おもろ」みたいな（笑）。（「エイプリルフール企画」の）余韻（はまだ）残ってるよね。なかなかスパークしないけどね（笑）。

**蓑毛**　今回はまあ仕事以外ってことだったけど、クライアントさんともそういう空気でプロジェクトできたらすごくうまくいきそう、というか、大変でも楽しめるっていうのがある。

**高橋**　これで、案件を楽しむっていうのをみんなに教えてもらった気がする。これまで、「おもしろいな」っていうのはあまりなかったけど、おもしろくすることで、プロジェクトに関するコミットメントがあがるっていうか、そういう楽しみ方を教えてもらった感がある。その後の働き方に影響ある。

**古川**　○○（座談会時に進行中の別案件）にそれ入れこんでもらって（笑）。

**高橋**　いやー（笑）。

**古川**　この企画のときには…普段は、お店をつくって箱があるところにお客さん呼んで、というビジネスしかしてこなかったんで、箱のない企画だけっていうのに不安もありました。応募（が）なかったら、しれっと（企画自体を）閉じて、「なんかありましたっけ？」くらいでいこうって言ってた（笑）。

　でも４５０人ぐらいの応募があったってことで自信がついて、箱がないものでも企画に対して人を集めてサービス提供できるね、っていうことで、外にイベント打ち出してできるようになって。

　以上に紹介した「エイプリルフール企画」には、随所に「遊び」が見出せる。そもそもこの企画は、クライアントや内部の誰かに「頼まれた」という意味の「仕事」ではなかったという点で、「遊び」の要素は他の業務に比べて多いものだったかもしれない。きっかけは遠山さんの「なんかやらないの？」の一言であり、座談会の中でも「頼まれてもいないのに（やった）」

ということ自体が笑い話にされていた。しかし、いわゆる「仕事」ではなかったにせよ、この熱の入れようは、まさに「仕事」に対する真摯さと変わらない（あるいはそれ以上である）ように見える。

サイト構成の過程では、「サイトをジャック」とか「遠山正道を探せ」など、訪れた者をびっくりさせたり、笑わせようとしたりする「遊び」が看取される。しかし他方では、封蝋をあしらった招待状や石づくりのネームプレートを用意することで「本物」らしさを演出するなど、企画の細部にとことんこだわることで「仕事」として通用するに足るクオリティのイベントに仕立て上げている。こうした「小道具」への細部にわたるこだわりは、真剣な「ごっこ遊び」の様相を呈する。そして、今後の企画案として提示された移動オフィス的なワゴンは、「頼まれもしないのに」というところにおもしろさがあるし、「遠山正道ドットカム（現在のサービス名は「業務外業務」）」も、通念では丁重に扱うべき社長を「売ってしまう」という転倒の笑いがある。

さまざまな遊びのあり方を体系的に研究した、カイヨワという人がいる。

**カイヨワ（Caillois, R.）**
フランスの思想家。神話、戦争、夢など多岐にわたる研究を行なう。主著『遊びと人間』ではゲームに関する議論等が展開されている。

彼はそれがベースとなる性質によって、遊びを、競争＝アゴン、運＝アレア、模擬＝ミミクリ、眩暈＝イリンクスの4つに分け、その中でも、遊戯性が高いものと競技性が高いものがあることを指摘した［表3―1］。カイヨワの分類に照らしてみると、スマイルズのエイプリルフール企画で検討した「遊び」は、複数のカテゴリーをまたぎつつ、「ミミクリ」に重点が置かれていることがわかる。

「エイプリルフール企画」は、抽選で応募者を募るという点において、競争的で運が関係する要素を含んではいた。しかし企画内容そのものは、空間の演出や、社長と過ごすという（多くの人にとっては）非日常性の確立であり、それに伴う心地よさが推察されることから、主に、模擬（とそれがもたらす眩暈）のカテゴリーから成ると言えるだろう。

カイヨワ／多田道太郎・塚崎幹夫訳『遊びと人間』講談社学術文庫（1990）

［表３－１］遊びの分類（カイヨワ，1990，p.81）

| | アゴン（競争） | アレア（運） | ミミクリ（模擬） | イリンクス（眩暈） |
|---|---|---|---|---|
| パイディア ↑ | 競争 | 鬼を決める | 子供の物真似 | 子供の「ぐる |
| （遊戯） | 取っ組み　｝規則なし | じゃんけん | 空想の遊び | ぐるめまい」 |
| | 合い | 裏か表か遊び | 人形、おもちゃ | メリー・ゴー |
| 騒ぎ | など | 賭け | の武具 | ・ラウンド |
| はしゃぎ | 運動競技 | ルーレット | 仮面 | ぶらんこ |
| ばか笑い | | | 仮装服 | ワルツ |
| 凧あげ | | | | |
| 穴送りゲー | | | | |
| ム | | | | |
| トランプの | | | | ヴォラドレス |
| 一人占い | ボクシング　玉突き | | | 縁日の |
| クロスロード | フェンシング | | | 乗物機械 |
| | チェッカー | 単式富くじ | | スキー |
| ルドゥス | サッカー　チェス | 複式富くじ | 演劇 | 登山 |
| ↓ （競技） | スポーツ競技全般 | 繰越式富くじ | 見世物全般 | 空中サーカス |

（注）縦の各欄内の遊びの配列は、上から下へパイディアの要素が減少し、ルドゥスの要素が増加していくおおよその順序に従っている。

ここで紹介できなかった部分も含め、座談会の中では、「おもしろい」とか「おもろ」という表現が頻出した。「これをしたらおもしろい」というのは社員の多くに「価値」として共有されているからではないだろうか。

最後のパートに出てきた「真剣にふざける」というのは、このメンバーが企画を通じて獲得した仕事の一つのやり方であったが、これはまさに、「仕事として遊びを提供する」だけでなく、「仕事の過程自体を遊ぶ」という彼らのやり方を示している。再びカイヨワの言うところを参照すれば、それは「競技（ルドゥス）」すなわち相手を打ち負かすことに熱中するやり方ではなく、ときにはしゃぎ、笑いながら遂行する「遊戯（パイディア）」に近いと言える。

このようなスマイルズの仕事の進め方は、スマイルズの取締役である野崎亙さん（41歳）の大学時代の話と重なる。ボーリングやゲームに熱中した野崎さんは、どうやら「まじめ」とは程遠い学生生活を送っていたらしい。同時に、「無意味なことをするのが好き」ということで、「ゲリラ活動」にもいそしんだ。たとえば、出店には1ブース約40万円が徴収されるイタリアの「ミラノサローネ」(『Salone del Mobile. Milano ／ミラノサローネ国際家具見本市』)という世界有数の家具見本市では、会場の前にトラックを止めて家具を並べて、アフタヌーンティーを催した。五反田の4階建てビルディングに70人くらいデザイナーを集めてイベントをやったこともある。その後東京の大学院に進んでも、「地面にブアーっと絵を張り付け」るなど「ゲリラ活動」は継続した。一緒にやっていたのはデザイナーの卵だったけれど、「単に自分がやりたいからやっていただけ」、と言う。

　このように、過程自体を「遊ぶ」やり方と、その楽しさを知っている人が集まっているからこそ、スマイルズは、「正しさ」だけを追求するいわば「優等生」ではない、多面的な魅力を生み出すことができるのではないだろうか。

# 6 「やりたいこと」発掘から「共感」へ

## 自分の仕事は自分でつくる

他方、スマイルズとは過酷な環境でもある。「やりたいこと」が日常的に問われるからだ。しかも、合言葉である「世の中の体温をあげる」ことにつながらなくてはならない。それを、「セルフモチベートできる人を求めている集団」（ＳＳＴ店舗営業部・滝川学さん・36歳）という言葉にも表われているように、個人で発掘していかなくてはならないのだ。これについて社員の多くは、「感度」と表現する。今まで当たり前すぎて気づかなかったが、実は「世の中」を寒くしていることやものに気づき、いかにして温めることができるかという解決法を導くまでの過程が、「感度」である（ように筆者は考えている）。それを、誰かに言われるのではなく、主体的に行わなくてはならない。それはたとえば、以下の通りにまとめられた丹野大介さん（パスザバトン事業部 事業推進グループ、２０１４年新卒入社、２８歳）の経験に現れている。

SSTに1年2か月いた後、本社の経営企画室に移った。新設部署でやることがなかった。（こういう状況は）スマイルズのいいとこでも悪いとこでもある。上司はミッションだけくれて、「人のお役に立ちなさい」と。この頃のことは一生忘れない。役に立つにはどうしたらいいのかと思い、本社の人全員にどうしたら自分が役立てるのかを聞いて回った。その結果、みんな困っていたけど、自分にできることはほとんどなかった。あるとき「本棚が汚い」と言われたので、誰かの許可を取るでもなく勝手に本棚の整頓をした。喜ばれ、初めての「仕事の作り方」の成功体験となった。

このようにスマイルズでは、自発的に「感度」をあげて企画を立てていかなくてはならない。

さらに「感度」をあげた企画には、第2章でも言及された通り、「共感」が求められる。これは、社内での共感から、社会への共感へとつながっていく複数の側面から成る作業であり、調査を通じて多くの人から聞かれたキーワードである。

最初のステップは、（①）会社の中での仲間探しから始まる。「個人でやりたいことがあれば、飲み会や個人的な付き合いの中であっても共感してくれる仲間を探し、スタートさせる。まずは上司のハンコが必要だ、といったことはない」（クリエイティブ本部 プロジェクトマネジメント室・古川豪さん）。そこから、（②）実際に客と対面する現場へとつないでいく――「『税金（仕方なくやる仕事）』もあるけど。理念とか意義とか目指している方向に共感しあっている人は多いし、そうしたことについて議論する場は多い。この空間の共感を、店舗とつないでいくのが課題かなと思う」（経営企画本部 本部長・原英人さん・36歳）という言葉に表われているように。同時に、（③）「事業として『共感を増やす』ためにコンサルや出資をやっている」（関連会社管理室・川村洋一さん・44歳）というように、スマイルズ外部の企業へとつないでいくこともある。さらに（④）人事の現場でも、「スマイルズに共感する人々の集団をつくりたい」（経営企画本部 経営管理部 人事グループ・天野麻由実さん）という思いで面接を行う。面接時には必ず理念と、行動指針を伝え、それに共感する人が入ってくるようにしている。

他方、「共感」やそれを支える「価値」、「体温をあげる」のコンセプトに苦難している若い人もいるという指摘もある（経営企画本部 経営管理部 人事グループ・池本雅子さん・46歳）。池本さんは、これらはいわば「見えないことへ立ち向かうこと」だから、とその理由を説明する。実際、退職していくケースは他社と比べて少ないものの、「ネガティブに去っていくパターンもゼロではない」という声もある。「自由なというか、スマイルズの働き方が苦しいこともあるし、自分のアイデアにコンセンサスが得られずに辞めていくケースもある」（経営企画本部 本部長・原英人さん）。

しかも、「共感」する人が集まっただけではまだ不十分とされる。社長の遠山さんは、「単なる『共感』だけでは動力にはならない」ことを指摘しつつ、「動力になるエネルギーをもった人たちの集団になっていけばいいなと思っている」として次のような話を語る。

○○君という社員は、クリーニング屋になりたいと言って入ってきた。7年たって、時短勤務制度を使ってクリーニングの学校に通いだした。お、ようやく動き出したと思っていたら、学校に通っただけでは開業なんてできないと言い出して、5年お暇をください、修行してきますと。

一貫していますよね。しっかりした理由があって、ちゃんと自分事になっている人がやることは、単なる「共感」だけで入ってきた人とは違うところがあるはずです。当たり前ですけど。

このようにスマイルズでは、磨いた「感度」によって作り上げた「世の中の体温をあげる」ための企画力、そこに「共感」させる説得力、そしてそれを実施する実行力が個人に求められる。

### 「やりたいこと」の駆動

さらに言うまでもなく、「世の中の体温をあげる」とは単に理念ないし信念にとどまるものではなく、そこには実際にビジネスとして継続できることが大前提として含まれている。インタヴューでスマイルズにおける「理想」と「お金」の関係について話題を振り向けると、たとえば次のような答えが返ってくる。

> 車でいうと、ガソリンがないと走れない。ガソリンが十分にあればどこに行きたいという理想も言えるけど、ガソリンがなければそれも言えないということですかね……スマイルズで（は）「いつまでやる」ということは言わない。事業というものは価値提供できる限り永遠に続けていくべきものか、ということを問うんです（パスザバトン事業部 事業部長・沢田夏樹さん）。

もっとシビアに見ている人もいる。スマイルズが自由を重んじる社風である、あるいはそういうイメージがあるということを話題にしていると、このような語りが出てきた。

ただ、そういうふうに（自由にできる会社だと）（社員は）みんな思っているし語るけど、自由にやれる人がどれだけいるかは疑問。自由にできてる人は5％くらい？ 僕はよく「税金を払っている」と言うんですけど、やらなきゃいけない仕事も確かにあります。

他の人のやっていることを批判しあうこともある。ただし、そのときのポイントは必ずしも「儲け」だけではない。儲けも一定の理由付けにはなるけれど。たとえば、意義を皆が納得しているときは儲けがないことを誰も突っ込まない（経営企画本部 本部長・原英人さん）。

また、20年で5つの事業だけが実現化したという現実からも、「やりたいこと」の多くは日の目を見ることなく消えていることがうかがえる。

それでも、新しい何かを求めて「やりたいこと」を探し続けるのは、利益（だけ）をゴールにせず、理念に重きを置いているからではないだろうか。

もちろん、売上は決して無視される要因ではないし、売上と理念のバランスは慎重に保たれるべきものとして捉えられている。しかしスマイルズと他の会社を分かつのは、やはり、弁当事業部 兼 ジラフ事業部 事業部長の豊島正樹さん（44歳）が話していたように、「『社是』をまじめにやっている」ような姿勢であり、それを支えるのが個人の「感度」なのであろう。

## 7 中途採用者の語りから見えるスマイルズの特徴

スマイルズが大事にする「感度」や「共感」を理解するには、前職との比較の視点を持った中途採用者の言葉が参考になる。彼・彼女らが転職をした動機や文脈は多岐にわたるが、前職との違いについて語る際、スマイルズの特徴も見えてきた。

ある人（経営企画本部 財務経理部・町田功介さん・34歳）はスマイルズで4社目となる。2社目のライフスタイルショップでは東証二部上場を実現し、やる気を出していた。しかしその後さらに一部上場を目指し、それが成功してからは徐々に仕事におもしろさを感じられなくなった。「上場一部企業になると、会社が目的を失ったような気がした」。人事評価についても、業務内容よりも業務時間で評価をされるようになり、「ちょっと違うな」と思うようになった。３社目でも経験を生かして上場に関わる仕事を任されたが、監査の延期やその他の要因も重なり、縁があってスマイルズに来ることとなる。他にもオファーはあったがスマイルズを選んだのには、「現場で働く人を見れる場がいいな、というのがチョイスのうちの一つ」と語る。

別の人（経営企画本部 本部長・原英人さん）は、ＩＴ業界から７年前にスマイルズに移った。転職を考えさせられたのは、ＩＴの会社が大手だったため扱う金額が大きく、「手触り感」がなくなってきたこと、B to B（Business to Business）に飽きてきたこと（実際の利用者と関われないことと思われる）が理由と言う。

ある人（クリエイティブ本部 広報部・麻生ゆきさん）は、大手自動車メーカーに勤めた後、地元の北海道で地域振興の目的で会社を設立した経緯を持つ。スマイルズの一次面接で、クリエイティブ本部の蓑毛さんの話が「おもしろくてワクワクした」と言う。売上や利益、従業員数など規模の拡大を目指す会社が多いなか、「分母が小さい方がおもしろい」という趣旨の話をしたからだ。前職の大手自動車メーカーでは、自分は「２万人分の１だった」けれど、地元に戻ってからは「５，６００人分の１になり、一人のインパクトが大きい。私が〝いる〟ことでよくなることがたくさんある」という感覚だったので、規模拡大を至上としない方針について「すごく共感した」と言う。

以上からは、スマイルズにおいては、自分が行った仕事とその成果が可視化されることや、ユーザー（客）の顔が見えることと関わりが重視されていることがわかる。特に客とのつながりについては、転職前に強い印象を抱いた人もいる。この人（ＳＳＴ物販事業部・石川栄二さん）は、大手コーヒーショップチェーンに新卒採用され、その後、転職してずっとやりたいと思っていた営業職に就いた。

> まあ大変でした。明日死んじゃうかもと思ったり。３時間ごとに上司から「あなたの売上」（という明細）が携帯とＰＣに送られてくる。０円（売上なし）だと、内線で呼び出される。今でも覚えています。

内線番号１０３だと、「○○○」という上司からの呼び出し（笑）。

彼の話は極めておもしろく申し訳ないが笑ってしまったが、大変さはよくわかる。最初の会社を辞めたのは「もう限界と思った」から。「メニューを拡大しすぎで、時代と逆らっていると思ったし、高熱を出しても休めなかった」ことも理由にある。そんな彼がスマイルズに興味を持ったのは、お台場のＳＳＴに通っていた経験にある。当時のＳＳＴは小型店が多く、スタッフが２人もいれば十分という効率がいい店に見えた。コンクリート打ちっぱなしの店内は汚れが目立たないし、いろいろな色を使っておらず、それがむしろカッコいいと思った。

お台場店でボルシチを食べていたとき、ジャガイモが固いことがあった。彼は店員に何も言わなかったのに、店長が「どうなさいました」とやって来て、その対応に驚いたという（「確かに全部固かったけど（笑）」）。大手のコーヒーショップチェーンでは絶対やらないような行為に、ＳＳＴでは「客の表情を見てるんだ」と思ったという。さらに入社数日前に再びお台場店を訪れると、「男性スタッフなのにものすごい笑顔」の人がいて、それも「すごいと思った」。それまで、「男性でいい接客をする人はいないと思っていた」からだ。

このように、機械的に仕事をするのではなく、客に目を配り対応することは、客と仕事をする人間の近さに関する評価と見なすことができるだろう。

このように、売上以外の価値を見出すことの大切さ（第2章）の他に、過去の仕事との比較から、スマイルズ独自の魅力を見出している人たちがいた。第1章では、既に、「共感」にはデータよりも「感覚」がものを言うことや、仕事においては包括的視点で全体を把握し責任を持つ姿勢が求められることが明らかにされている。それに加えて、スマイルズにおける「感度」には、最終的にそれを手にしたり口にしたりする「客」が想定されなくてはならないという可能性が示唆される。

また、スマイルズで個人が行う仕事の包括性に言及する人もいた。一見、自分とは関係のないように見える仕事も行い、広い視野を持って遂行するという意味である。これは、第1章で述べた分業のなさからくる特徴であるが、中途採用者たちは、その特徴を以前の会社と比較して、「全体的な個人」としての能力が発揮できると考えているようだ。

　スマイルズが3社目となるデザイナー（クリエイティブ本部 デザイン部 デザイングループ・南澤れいなさん）は、スマイルズでは「新しい価値観を見つけることができる」と話す。以前に勤めていた2社では、営業担当者がいて、彼らが仕事を受注してきた。客の要望は考慮しつつも、基本的には営業に「こういうのをお願いします」と言われたらその通りにつくっていた。しかしいま（スマイルズ）は全然違っていて、何か仕事を受けた際には「なぜそれが必要か」「本当に必要なのは何か」という問題まで自分が踏み込んで考える。

　さらに、「部分でなく、全部まとめて」という意味で「まるっとお願いします」の依頼が多くなったという。たとえば、「江東区、職人や技術を持った中小企業は多いんですけど、もう少し上手にブランディングしていきたいんです」というような大きな目標である。この話からは、スマイルズに入社後、彼女にとっての「デザイン」がただ絵を描くことをはるかに超えていることがわかる。

## 8　感情労働の議論から

スマイルズの社員の語りで多用される「感度」とは、誰かが教えてくれたりマニュアルが存在したりするわけではないので、周りからのアドバイスはあるにせよ、自分で磨いていかなくてはならないものだ。特に個人の日々の気づきとしてある「感度」は、仕事のオンオフ関係なく、日常から切り離しておくわけにはいかないだろう。日々の気づきに基づく企画は「熱量」の高いものとして他者に訴えかける力を持つし、企画が通れば楽しみや喜びの源になる。実際、仕事を楽しんでいる人が多いのは、他人事ではなく「自分事」として遂行しているからと思われる。

他方、必ず「感度」とともに問われる「共感」は、働く人々の生きる姿勢を一つの方向に導くことにもなっている。個々人は個性豊かな人々であっても、「世の中の体温をあげる」という「世の中を良くする」（というmake it a better place 的な）理念が共有されているからだ。スマイルズでは「売れる／売れそうなもの」よりも、「価値のあるもの」が重視される（とされている）。それは自分で心の底から良いと思うもの、つまり「素」の状態でそう感じるものということだ。これにより社員は、いかなる文脈でも、仕事である限り、「そうした人間」として関わり、扱われることになる。

つまり、ホックシールドが論じたような感情労働としての側面を持つということだ（ホックシールド，1983＝2000）。ホックシールドは、他者と接する職業に就く者には個人的感情が労働の一部として提供されること、そしてこうした人々が感情の管理を要請されていることを指摘した。たとえば保育園で働く先生たちは、子ども好きで、危険が迫れば自己犠牲を払ってでも園児を優先し守るのが当たり前だし、そういうふうに思っている人々だ、と前提されている。もちろん提供される感情は、いわゆる「心から」のものかあるいは「演技」なのかという問題は常に明快に線引きできるものではない。性風俗で働く女性たちの「演技」（「私、いやらしいことが大好きなんです」）は、「心から」のものに見えることが望ましい。他方、スマイルズの場合は、感

**ホックシールド（Hochschild, A.R.）**
アメリカの社会学者。主著に『管理される心』がある。
ホックシールド／石川准他訳『管理される心』世界思想社（2000）

情を「差し出す」というよりも、「そういう人である」ことがそもそも求められるため、ある種の感情の管理は必須となる。

　話を聞いた中で、「常にポジティブであれ」という雰囲気を批判的に捉える瞬間がありつつも、「それっぽく」振舞っているという人がいた。客を前にしていないときにも、「ポジティブな感情をもった人間」として在ることが要請されているということだ。また、「悪い意味で『こういうのはやらないよね』といった禁止項目が多い」ため、個性豊かな会社と思われているが実は（意外と）「外れたことはしにくい」という声もあった。さらに、本当は「腹黒い」人間のドロドロが描かれた漫画を好むが、周りには言いにくい、と笑っていた人もいた。

　このように爽やかな企業イメージが醸成されている分、いくぶんかの息苦しさを感じている人たちもいる。しかし興味深いことに、その息苦しさをすっと取り除くような側面がスマイルズに関連する場所にある。それは、元社員の武宏さんが始めた「トイレット」というバーである。

## 9　トイレットという空間

ある日新宿3丁目で飲んでいた。いずれ調査の一環としてトイレットに話を聞きに行くことにはなっていたが、近くだったので、自分の身分を明かさず、2軒目として行ってみることにした。入口がわからず、そのへんのレストランの店員さんに聞いてようやくたどり着いた。

細い階段を上ったところにある店内は薄暗く、というより暗く、ろうそくの光だけで照らされていた。自分の周りだけがほんのり明るい。ここであれば、そこまで混んでいなければ、他に客がいても、「自分と向き合って飲める」みたいなことが可能な気がした。そのときは友人がいたのでそうはならなかったが。メニューを見ると、ウィスキーにさまざまなものを漬け込んで出していることがわかり、その「さまざまなもの」がいずれも気になったため、数杯飲んだ。黒胡椒、山椒、カルダモンだった。友人は果物を漬け込んだお酒が気になったらしく、結局、苺のお酒を連続して飲み干していた。つ

［写真3―8］トイレット店内の様子と武さん

まみのナッツにはスパイスがまぶしてあり、これもすべて食べた。

店内は「トイレ感」一色なのかと思ったら、全く違った。むしろ、奥に飾ってあるバスタブやピアノの方が目立っていた。他に目を引くのは、バーカウンターの裏に掛けられた大きな絵画・写真の数点である。特に、裸の男性が跳んでいるもの［写真3―8］。天井部分は剥き出しの梁から成っており、オーナーの武さんが自分で店内をリノベーションしたということも後で知った。トイレ自体は、居心地はよいが、特に奇をてらったものではない。

数週間後、再びトイレットを訪れた。今度は、本書で一緒の阿部、村主の両氏と一緒だった。せっかくなので、武さんが出しているもう一つの店であるミートボール専門店、「ワールド・ミートボール・クラシック」に寄った。時間の関係で腹八分目以下の量しか食べられなかったが、次回は「ここで食べ放題やろう」という意見が出たくらいおいしいミートボールだった。

開店前に時間を取ってくれた武宏さんは、元スマイルズの社員で、いわゆる「社内ベンチャー」１号として知られる人である。２００６年、新卒でスマイルズに入社し、ＳＳＴお茶の水店、六本木路面店、名古屋、お台場、田端、横浜で働く。その後パスザバトン立ち上げのときの社内公募に応募して参加することになった。そこから5年は、パスザバトンを担当した。「小僧」から始まり、丸の内店で店長、ウェブ部門拠点（新木場）担当、また店長になる。そこから独立してトイレットを始めた。

武さんによると、飲みに行くのはもともと好きで、新宿でたまたま入ったバー（キヌギヌ）で衝撃を受けたそうだ。空間というか世界観が美しいと思った。そこからバーに意識が向いていって、「自分でやっちゃおうかな」という気になっていった。しかし、スマイルズで何か結果を残さないと「発言権がない」ような気がしたので、パスザバトン丸の内店の業績を、「誰が見てもわかるくらいに上げた」。その頃に、中途である人が入ってきており、「小さい会社を50個ぐらいつくるぞ」という機運があった。それに乗って、２０１４年に社内ベンチャー第1号として出店。出資比率は、武さん１８０万、スマイルズ１５０万である。絵画は会社の所有物で、ワールド・ミートボール・クラシックに飾ってある写真も同じく、だそうだ。

現在、スマイルズとの関係を聞いてみると、次のような答えだった。武さんのことは、関連会社管理室の担当である川村洋一さん（44歳）が担当している。税理士、社労士さんも紹介してもらった。プライベートでは、遠山さんがたまに2軒目とかで使ってくれる。独立してからは、一人っていいなとも思うが、離れてみてわかる組織のよさもあるという。たとえば、知名度とか信用とか、動かせるお金の大きさとか、組織だからできることがあると気づいた。いまだと、遠山さんの言葉――「仕事は基本的に失敗する」「でも本当に自分がしたかったことなら続けられる」――は「すごく腑に落ちる」と言う。

梁のくだりで触れたトイレットの独特な内装は、デザインから施工まですべて自分でやったという。かなり安くついたし、業者に頼むと、却って「整ってしまう」のが嫌だったのもある、と言う。トイレット出店の頃からあるパートナーと組んでいて、ミートボールを出してからは武さんがトイレット、彼女がワールド・ミートボール・クラシック担当ということになった。

トイレットはセンスもよくこだわりも強く、いろいろな意味で「スマイルズらしい」店と言える。たとえばアートをうまく融合させた店内を、パビリオンをはじめとするスマイルズ系列の店と重ねて見る人もいるだろう。他方トイレットは、スマイルズが展開している飲食店とは異なる戦略をとっていると見える点もたくさんある。可能な限り照明を落とした店内は、ＳＳＴとは逆に、利用者に気づかれるよう在るのではなく、こっそりと隠れ（られ）る場として機能しているように見える。カウンター以外に設置されたピアノ脇の椅子に座ったこともあるが、ピアノの陰で「埋もれた」ような感覚を持った。また、新宿2、3丁目とも近い立地により、性的指向や職業をはじめとする点において客が「雑多」である点も、「働く女性」（SST）やファミリー（100本のスプーン）など他のスマイルズの店が主な対象とする客層とは違う。もちろん、働く女性を排除するという意味ではないが。

　いずれにせよ、私が調査前にスマイルズに対して抱いていた、ちょっととっつきにくいイメージ、たとえば過度な「スタイリッシュさ」とか「完璧さ」といったたぐいのものは、スマイルズ関係の店を総体で見た場合、トイレットの「ゆるさ」のようなもので緩和されているように思う。たとえば、あっさりと「バーテンダーの修業はしたことがない」と武さんは言う。知らないレシピだったらその場で客に聞いてつくるのを当たり前にしているそうで、こだわりの強い一部のバーテンダーとの違いは明らかだ。かしこまった聞き取りを終えて（お代の他に）お礼にと勧めたビールを決して断らず「ちょうど喉が渇いていたんですー」と嬉しそうにゴクゴク飲んでいる姿を見ると、この店主が、「整いすぎない」店の内装と重なって見えた。

# 10 おわりに

週に一度、水曜日の午前中にスマイルズの本社に「出社」し、そこで働く人の多くとお話をさせてもらった。本章では、そこから見えてきたスマイルズの「ひとかけら」を描いてきた。というのも、聞けば聞くほどスマイルズで働く人たちが手掛ける仕事の幅は広く、調査を始める段階で頭に入れておいた組織図や事業関連図にはとても収まらず、ここでもそのすべてを紹介できたわけではないからである。またそうした仕事の一つひとつをとってみても、たとえば「エイプリルフール企画」がそうであったように、自分なりにできる工夫を各段階でとりまぜながら流動的に事が進んでいくため、調査をいくら続けてもスマイルズの「全体」を一枚絵のように把握することなど到底できなかった。したがって、ここで紹介できたのもスマイルズで起こっていることのごく一部に過ぎないということになる。

しかし、私たちが垣間見た「ひとかけら」は、やはりスマイルズだからこそ起こることだったと思う。「世の中の体温をあげる」という目標は、人によって少しずつ意味合いは違っても、確かにそこで働く人たち自身の言葉になっていた。それはいわゆる社是のように遠いところにあるお題目ではなく、かといって社員をがんじがらめに縛る強い理念でもない。「世の中」と言いながらも、たとえば本棚をきれいに整えただけでも喜んでくれる人がいるように、自分の手の届くところでできる工夫にも結び付くものである。だからこそ、それぞれが「やりたいこと」を問いながら仕事をする中でも「共感」が生まれ、結果としてスマイルズらしい事業が実現しているのではないだろうか。

そうした「共感」によるつながりは、本社の人々の働き方を見ていると、意外なほど強い力を発揮している。社長から率先して複業を実践して独立を推奨し、やらされる仕事を堂々と「税金を払っている」と言い切ることができる自由な雰囲気の会社でありながら、キャリアを積み上げていくための足がかりにしようとか、一時しのぎの腰掛けで働いているだけといった人には、少なくとも私たちは出会わなかった。そこにはおそらく、本章で指摘したように「遊び」が仕事の中に散りばめられ、働くことそのものがおもしろさとつながっていることが背景としてあるだろう。

スマイルズから独立してバーを切り盛りする武さんの店に感じられる「ゆるさ」にもまた、仕事と「遊び」に仕切りを設けない姿勢が表れている。もちろん、それは明文化されたルールでもないし、当事者が意識していることでもない。しかし、外からやって来た私たちの目には、「遊び」や「ゆるさ」は際立ってスマイルズらしい働き方のように映った。さらに言えば、そこで働く人たちに会って私たちが感じた「いい人」という印象は、そうしたマインドに由来するものなのかもしれない。

【熊田陽子・阿部朋恒】

コラム

# 「100本のスプーン FUTAKOTAMAGAWA」体験記

村主直人

私が所属していた大学院の社会人類学研究室の教員と先輩がさまざまな事業を展開しているスマイルズという会社を調査することになり、現場でどのような実践がなされているのかを内部から参与観察してくれないかと誘われた。こうして、スマイルズが展開しているファミリーレストラン「100本のスプーン」で、2017年11月~2018年2月という期限を設けて、実際にアルバイトとして働くことになったのである。

私は、東京・吉祥寺のハーモニカ横丁にあるパスタ屋で3年半、神楽坂の老舗うなぎ屋で約4ヶ月、高尾にある学生寮の食堂で8ヶ月と、飲食店でのバイト歴は短くない。そのため、私の調査は、それまでアルバイトしてきた飲食店と「100本のスプーン」とではアルバイトの働き方がどのように違うかを比較する、ということに自然となっていった。

## 「100本のスプーン」とは?

「100本のスプーン」は、現在関東近郊(あざみ野/二子玉川/清澄白河〔東京都現代美術館〕/立川/豊洲)に5店舗を構えるファミリーレストランである。ただし、ファミリーレストランという業態をとりながら、従来の〝ファミレス〟の枠を飛び越えるような取り組みを行っているのが特徴だという。

「子どもを子ども扱いしない」、「子どもの体験価値を重視する」といった、一般的なファミリーレストランでは少し考えられないようなコンセプトがあることを予め本社のレストラン事業部長の坂本達也さん（36歳）から聞かされていた。「１００本のスプーン」という店は、「子どもの頃に憧れた親世代への入り口」として、食を通して子どもの体験価値を拡充しようという試みであるという話だった。

そのために、１００本のスプーンでは、席やメニューの多くに子どもが大人と同じ体験ができる工夫が施されている。席は同じデザインの椅子の大きいサイズと小さいサイズが用意されているし、メニューにはフルサイズとハーフサイズがあり、大人と同じメニューを同じしつらえで子どもが食べやすい分量にて提供している。中には、子どもがワイングラスで飲めるワイナリーでつくられたぶどうジュースなどもある。

私がアルバイトとして働くことになったのは、二子玉川店。最寄り駅からほど近い商業施設「二子玉川ライズ」のテラスマーケット2階に位置する。二子玉川駅は、渋谷駅から東急田園都市線に乗り換えて15分ほど、都心からのアクセスがいい。また、この街の南側には多摩川が流れていて、比較的多くの自然が残されている。そして、駅近辺には、古くからある百貨店の高島屋に加えて、２０１１年には大型商業施設「二子玉川ライズ」が開業し、若い世代が子育てをするのに適した環境と言えるだろう。

二子玉川駅を降りて改札を右へ、小規模なイベントが行える、ゆとりのある歩行路は吹き抜けになっており、道の両側には洋服や雑貨を扱う店舗が並ぶ。オシャレで落ち着いた印象を覚える。人が少ないわけではないが、ごみごみしている印象はなく、広く設計された空間がこの街の「余裕」を感じさせた。

　これまで足を運んだことこそなかったが、二子玉川には、かねてから「世田谷区にある」洗練された街というイメージを抱いていたし、十分な所得があり、家計の安定した家族が生活を始めるにはいい環境だと感じていた。そして、実際に、小さな子どもを連れた家族連れの姿を駅の近くではよく目にした。エスカレーターに乗り、2階部分のデッキを直進していく。お店が軒を連ねている最奥、住宅や公園があるエリアとの境に100本のスプーンはあった。

写真1　100本のスプーンFUTAKOTAMAGAWA 店舗外観（写真：太田拓実）

## コミュニケーションを通じたサービス

私のいくつかの飲食店のアルバイトの経験を通じて、アルバイト初日に聞く店長の話には、店長自身がその店のことをどう考えているのか、どのように運営していこうとしているのかが表れるように思っている。過去のバイト先での初日は、キッチンにしてもホールにしても、アルバイトの先輩についてもらい、説明を受けながら実際に手を動かしてみることから始まるのが常だった。

それに対し、100本のスプーンでは、場所を変え、メニューの内容とそれぞれの提供の仕方に基づいた客とのコミュニケーションについて、2時間ほどかけ、二子玉川店店長の北村学さん（レストラン事業部・29歳）自ら丁寧に説明してくれた。私が驚いたのは、客とのコミュニケーションに関する話に最も多くの時間が割かれたこと。そして、逆に言えば、それ以外の点について、説明をほとんど受けなかったことにあった。

勤怠管理やシフトの簡単な説明がなされたのち、はじめに詳細な説明を受けたのが、店舗で提供される離乳食についてであった。離乳食は、毎朝、シェフが丁寧に出汁をとり、季節ごとの旬の食材が使用されているというこだわりに加え、赤ちゃんの月齢に合わせ3段階で用意、しかも無料で提供されているという。その目的は、赤ちゃんのための単なる食事ではなく、「大人の食事ができるようになるための練習」、つまり大人になるために苦手なものや、固いものを飲み込む力をつけさせることにあると語られた。

月齢に合わせ、初期・中期・後期の3段階で用意された離乳食のうち、どのメニューが適切なのか、ホールスタッフによる客へのヒアリングを通して、あくまで顧客本位で提案することがお店の信頼に繋がるという。卵や小麦などの7大アレルゲンを使用せずに調理されたアレルギー対応プレートの用意もあり、子育て世代に対する細やかな配慮が感じられる。

そして、ここまでこだわっている離乳食であるが、そもそもそれはメニューに載っていない。店員からの提案、あるいは客からの要望を受けてはじめて提供される。つまり、客との個別のコミュニケーションを通じて、月齢がどれくらいの幼児なのかといった、一人ひとりの状況を聞き、その個別性に応じたサービスを提案することが、ホールスタッフに求められているのである。

この無料で提供される離乳食に示されているように、顧客とのコミュニケーションを通じて、サービスのカスタマイズが行われていることが、一般的な〝ファミレス〟との違いであり、それができるサービス力こそが、出店3年目（取材当時）にして、開店前から行列のできるレストランに成長した理由なのだろう。

### アルバイトに主体性と「全体的な個人」を求める

スマイルズではアルバイトを「パートナー」と呼ぶ。オープニング当時からのスタッフも在職していて、「自分たちのお店」という意識を強く持っている。店舗やスタッフと何かしらの縁があり入ってくるアルバイトも多い。

店長の北村さんは「親切は伝えるべき、あえて口に出す」と何の躊躇《ためら》いもなく言い切る。コミュニケーションが重視されているのである。たとえば、小さな子どものいる卓からハンバーグの注文を受けた際、まず「お皿でご用意しましょうか？」と鉄板無しでの提供を提案する。鉄板で提供する際にも、鉄板が熱くなっていることを口に出すのはもちろんのこと、子どもが近い距離にいるときは、ハンバーグを前向きにして置くところを、あえて遠くに離し、鉄板の取手を逆向きに置いたうえで、「やけどすると大変なので、少し離して置きますね」といった一声を掛ける。

もし、料理を提供する際の文言を「台詞《せりふ》」として話すのであれば、席を拭いたり、お皿を片付けたりする、ある種機械的なマニュアルに則した作業と同様に、やりながら覚えればよかったのかもしれない。しかし、いま振り返ってみると、この店では相手を慮《おもんぱか》るという意味での「コミュニケーション」、すなわち、顧客の事情を聴きとるコミュニケーションと、それに応じた店側のコンセプト（＝姿勢）を伝えるというコミュニケーションを行うことがホールスタッフに求められていたがゆえに、アルバイト初日、場所を変え長い時間をとってまで説明がなされたのだと思う。

私が調査をするためにアルバイトとして働くことを店長の北村さんは事前に知っていたため、新スタッフとして説明を受けた際、話が終わり店に戻る北村さんに、つい「どのアルバイトにもこれだけの説明をしているんですか？」と尋ねてしまった。すると、当たり前のように「そうだよ」という答えが返ってきた。

もちろん、過去に働いた飲食店でも、注文の取り方、料理の提供の仕方などは習ったが、それらは店の運営を円滑に運ぶことを志向してのことである。席を指定し、注文を取り、料理を運び、食べ終わった食器を下げ、空いた卓を片付けるという一連の流れをスムーズに行うことで、客の回転率を高めることが重要であった。客への細やかな配慮は、最低限のことこそ習うが、それ以上は言われてやるようなことではなかったのである。アルバイト歴が長く接客に慣れてくると、客の状態をよく見ることができるようになり、自然と身に付くような個人的な技術であった。つまり、客への必要以上の気遣いは、「できればよりよい」こととして認識されているに過ぎず、混雑時には自然と削ぎ落されるようなもの、つまり、店を回すこと以上には意識されていなかった。

　私がこれまで働いてきた飲食店に比べ、１００本のスプーンはアルバイトの主体性を高く要求している。「目の前のお客様のために何ができるか」が個々のパートナーに問われており、経営側もその意識を持つように促していると感じた。細かいマニュアルやケース毎に決められた方針はなく、一人ひとりがどうしたいのかを考える必要がある。その積み重ねが店のブランドづくりにつながっているようだ。

　これは、言い換えるなら、アルバイト（パートナー）はここまですればいいという「役割」がないということを意味している。第1章で、スマイルズという会社には役割分担による分業がなく、一人ひとりが「全体的な個人」としてあると書かれているが、そのことは１００本のスプーンのアルバイトにまで当てはまると言えよう。彼らによる客とのコミュニケーションにおいても、マニュアルに従った部分的・役割的なものではなく、一人の人間としてのコミュニケーションが求められているのである。

　また、第2章では「小商い」というやり方の魅力について、ビジネスが細分化・分業化されていく中で、小商いは、商品やサービスを用意し、お客さんに出会い、提供して対価を得るというプロセス全体を体験できるものだと述べられている。100本のスプーンで提供されているコミュニケーションもまた、スタッフにとっても客にとっても、商売における一続きのプロセス（物語）の全体を「体験」できるものになっていると言えよう。

### 料理だけでなく「体験」を提供するレストラン

　改めて言うが、100本のスプーンは「ファミリーレストラン」という業態をとっている。その意味では、これまで働いた店で扱っていた料理と価格帯は大して変わらない。けれども明らかに違っていることがあった。それは「料理」を提供するだけではなく、100本のスプーンで初めて外食をするという子どもたちへの「体験」を提供しようとしているところにある。

　100本のスプーンFUTAKOTAMAGAWAは、1〜2名で訪れた客が使うことのできるカウンター席やテーブル席、4人以上で使うことのできるボックス席が用意されており、店全体で100席程の席数がある。Soup Stock Tokyoの店舗と同様に、外壁のほとんどがガラスで、さらに柱がほとんどないことなどから、見通しがよく開放感がある。また、ベビーカーで来店する客を想定し、通路や席にもゆとりがあり、落ち着いた空間に設計されている。

写真２　100本のスプーンFUTAKOTAMAGAWA 店舗内観（写真：太田拓実）

スタッフは薄い水色のデニム地のシャツにネクタイを着けるのがユニフォームとなっていて、店全体として清潔感のある印象を与えている。また、「誕生日や記念日を祝う」ことができるのも他のファミリーレストランにはない強みだろう。事前にケーキの予約を受け付けていて、サプライズでケーキが運ばれてくる。その際は、電気が消えて音楽が流れ、手拍子とともに店全体でお祝いの雰囲気がつくられる。

落ち着いた雰囲気でゆったりと食事をすることができるため、お昼は小さい子どもを連れたお母さんたちがランチやお茶をしに、夕方以降は家族での外食や恋人たちのデートに使われている。

店がターゲットとしている客層は、「6歳以下の初めての子どもを持つお母さん」である。100本のスプーンは、Soup Stock Tokyoを利用してきた働く女性たちが結婚、出産を経て、家族になって戻ってくる場所、彼女たちが家族連れでおしゃれに楽しめるレストランとして想定されている。店長の北村さんはことあるごとに「わざわざ行きたいお店」を目指すと口にするが、そこには単なるファミレスではないという強い矜持《きょうじ》が表れている。一方、事業部長の坂本さんは「子どものときに触れたものが熟成されて将来の自分をつくっていく。初めての外食体験は100本のスプーンでしてほしい」と話す。こうした想いを反映し、100本のスプーンでは子どもたちの体験価値が重視されている。

たとえば、メニューの表紙は塗り絵になっており、卓上に置かれた色鉛筆を使って、料理が出てくるまでの待ち時間を楽しく過ごすことができる（写真3）。また、店内には船の舵や（厨房のシェフと会話のできる）黒電話が取り付けられ、それらで子どもが遊ぶこともできる。その他にも、あざみ野店では「おいしいファッションショー」と題し、子どもたちのファッションショーが開催されるなど、いわゆる〝ファミレス〟の概念に収まらないかたちでのイベントが企画されることもある。こういった企画やお店の設備を説明することで、自然とスタッフと客との間にコミュニケーションが生

写真3　メニュー表の塗り絵

まれる。

そういったコミュニケーションを含めて、店舗内でなすこと／なされることのすべてが「体験」となるような工夫が、店舗のデザインにも組み込まれている。それがよく表れているのが、店舗内の「案内」である。店舗の内装には、客を座席まで案内する際、コミュニケーションを生むための小さな仕掛けが施されている。店に入ってすぐのところ、あるいは店の中央にあえて小さな段差があったり、はたまた最短距離の通行を妨げる仕切りが置かれていたりする。普通のファミリーレストランであれば、スムーズに効率的に客をテーブルまで案内できるようにするだろうと思うが、ここではむしろ非効率的な造りにしてあるのだ。それは、スタッフが一緒にベビーカーを持ち、「足元お気をつけください」と一声掛けるための仕掛けであり、スタッフによる案内を意味のある不可欠なものにするための工夫なのである。その非効率的であるがゆえに生まれる客との会話が、「お母さんへの配慮」や「子どもの体験価値の拡充」という店のコンセプトをしっかりと伝えることに繋がっている。

それは、ディズニーランドで、エントランスから最初の大通りまで歩くことが違った世界に足を踏み入れるという体験をするための仕掛けになっていることと似ている。効率よく短時間に案内して料理を出すという普通のファミリーレストランとは違って、１００本のスプーンが「体験」を売っていることは、このようなところにも表れている。

数多くの選択肢がある中で、わざわざ行きたい店になるためには、料理が美味しいだけではなく、あの場所に行けばこんな経験ができる、役割を担っているだけの顔の見えない従業員ではなく、顔の見える「全体的な個人」に会える、という「体験」を味わえるような仕掛けが求められているとも言えるだろう。１００本のスプーンは、まさにそういう仕掛けのあるレストランだ。興味深いのは、それがデータやアンケートなどのマーケティングから導き出されたものではなく、私ならこうしたい、こういう体験をしたいという「個人の妄想」から出てきたものだという点だ。そもそも「６歳以下の子どもの初めての外食体験」という店のコンセプト自体が個人の妄想から生まれたものだと言えよう。そして、料理人、サービススタッフ、生産者など、一人ひとりの感度（妄想）が集まって一つの現場を作り上げている。それゆえ、１００本のスプーンはこれからも進化を続け、家族のためのレストランとして〝ファミレス〟の意味を変えていくのではないか。そういうことを感じた４か月間だった。

# 終章

# 資本主義システムの中で、<br>「会社で働く」ということ

# 1　新しい資本主義とポストモダン思想

## 資本主義の行き詰まり

現在の資本主義社会のシステムの中で、「会社で働く」ということがどのようなことなのか、そのことを、スマイルズという会社の人類学的研究を踏まえて、この終章で考えてみたい。そのために、まず現在の資本主義システムがどういうものなのかを明らかにしておこう。

序章で、モダンとポストモダンの組織の話をしたが、モダンのツリー状の組織（ヒエラルキー）から水平的で柔軟な組織へという変化は、資本主義の変化に対応している。大企業が大量生産した商品（多品種少量生産も目先を変えただけの同じような商品を大量に生産することに変わりがない）を、次から次へ販売することで経済成長していくという産業（工業）資本主義経済は、１９７０年頃には既に世界的に行き詰っていた。その生産が資源や環境の有限性によって制約されるというだけではなく、同じようなモノを生産しても飽和状態で売れなくなってきたのだ。
その産業（工業）資本主義の行き詰まりから、資本主義の「時間稼ぎ」が始まる。情報資本主義、デジタル資本主義、金融資本主義、株主資本主義、知識資本主義、認知資本主義などとさまざまな名前が次から次へとつけられてきたけれども、要は非物質なモノを疑似商品化し、ヒトと資本をグローバルな規模で流動化させることで、終りを先延ばししているに過ぎない。そのグローバル化と流動化を促す政策がネオリベラリズム（新自由主義）というわけである。そして、それら時間稼ぎのための新しい資本主義を用意した精神が「68年の精神」[1]としてのポストモダン思想だったのである（ボルタンスキー／シャペロ，2013）。

ポストモダン思想は、貧困に対する抗議というよりも、豊かさをもたらすことに成功したかに見えた産業資本主義の非人間性に異議申し立てをするものだった。つまり、それまで社会全体の形を決めていた大量生産・大量消費という産業資本主義にふさわしいツリー状のヒエラルキー・システムや、分業を効率化するテイラー・システム（労働の科学的管理）が、人々を拘束す

**ネオリベラリズム（新自由主義）**
16頁参照

**1**　1968年のパリの「五月革命」を筆頭に、学生を中心とした世界的な反乱が起こったことを指している。

ボルタンスキー／シャペロ／三浦直希他訳『資本主義の新たな精神』（上）（下）ナカニシヤ出版（2013）

る「鉄の檻」[2]のように感じられ始めたのだ。

そこで発揮された精神が、物質的な富より非物質的な豊かさであり、ツリー状のヒエラルキーより水平的で柔軟なネットワークであり、組織よりも個人であり、固体よりも流体という思想だった。

## ネオリベラリズムの誕生

しかし、そこから歴史の皮肉とも言うべき経過をたどる。[3]ポストモダン思想あるいは「68年の精神」が、社会にネオリベラリズムを受け入れさせるための露払いの役目を担うことに（結果的に）なったのだ。

「68年の精神」からネオリベラリズムへという経過が皮肉なのは、ネオリベラリズムを推進したレーガンやサッチャーらが「68年の精神」やポストモダン思想に敵対する保守政治家だったからである。ポストモダン思想が保守政治家による資本主義の延命のために利用されたとも言えるが、その責任はポストモダン思想の側にもある。序章でも述べたように、水平的で柔軟なネットワークは自生的に時間をかけてはじめてつくられるものだが、ポスト

2　ウェーバー（Weber, M.）が近代における社会全体の官僚制化を形容した言葉。

3　この歴史の皮肉については、コーエン（Cohen, D.）も論じている（コーエン／林昌宏訳『ホモ・デジタリスの時代』白水社［２０１９］）。

**レーガン（Reagan, D.W.）** 第40代アメリカ大統領。レーガン・ドクトリンを標榜し、冷戦の終結に貢献した。

**サッチャー（Thatcher, M.H.）** イギリス初の女性首相。「鉄の女」の異名でも知られる。

モダン思想は、モダンの設計主義を引きずって、一気に設計しようとし、持続や反復の時間を軽視してしまったのだ。

ネオリベラリズムとは、グローバル化した資本の短期的な利益追求に応えるために、規制緩和や雇用形態のフレキシブル化といった政策によって人と資本の流動性を高め、その結果として生ずる経済的格差を「トリクルダウン理論」[4]と個人の自己実現の称揚と自己選択（＝自己責任）という「個人化」のイデオロギーによって正当化する体制である。

ネオリベラリズムの政策による社会の流動化ということを端的に表わしているのが、非正規雇用の増大に見られるような、規制緩和による労働力（雇用）のフレキシブル化＝流動化である。雇用の流動化の背景には、効率性の低い業種から効率性や社会的ニーズの高い業種へとヒトを速やかに移動させて、そこに資本を集め、企業の利益を高めなくてはならないという事情がある。ヒトと資本の移動を妨げるものが既得権益であり、それを取り除くのが規制緩和による構造改革と呼ばれた。その結果、自分のライフスタイルやキャリアや個性も含めて、個々人の生活そのものが商品のように交換可能で

4　格差の拡大によって富裕層に集まった富は、下位の階層まで市場を通して「滴り落ちる」ことで格差が是正されるので、社会福祉は必要ないという理論。話題になったピケティ（Piketty, T.）らによる研究は、トリクルダウンが起きていないことを実証的に示すものだった（ピケティ／山形浩生他訳『21世紀の資本』みすず書房［2014］）。

比較可能で入替え可能なものになっていったのである。

保守政治家によって推進されたネオリベラリズムは、まっとうな保守思想からの逸脱がある。保守思想が大事にしてきた自生的な秩序やその基盤である慣習を破壊してしまうものだからである。ネオリベラリズムは、それによって生じる社会不安を排他的な民族主義や家族の大切さを説くことによって他に転嫁しようとするが、その政策は民族や家族の基盤をも崩すものなのだ。そのような正統的な保守思想からの逸脱は「保守革命」と呼ばれているが、それは保守思想にとっても皮肉な経過だと言えよう。

つまり、保守革命以降、ポストモダン思想を担ってきた左派やリベラル派が衰退していったと言われているが、グローバル化と新資本主義の下での社会変化の中で、思想的には右も左も衰退していったのである。

## 2　資本主義の「時間」の変化

### 新資本主義の生きづらさ

ネオリベラリズムの下で短期的につくられるフレキシブル（柔軟）でフラット（水平的）なネットワークは、時間をかけて自生的に作られる代替不可能な全体的な個人同士のネットワークとは似て非なるものとなる。そして、それは保守思想が重要視する慣習や家族の基盤をも崩すものだった。そのことを、社会学者のセネットの『それでも新資本主義についていくか』（セネット、1999）という本（原題は『人格の腐食』）の最初の方に主人公として登場するリコという実在の人物についての話を取り上げて具体的に示しておこう。

新しい資本主義（ネオリベラリズム）における労働者の「生きづらさ」を取り上げるとき、非正規雇用のワーキング・プアの苦難を述べることが多いのだが、セネットの本に登場するリコはいわゆる「勝ち組」であり、彼の話を紹介することで、セネットは勝ち組の人生も不安定で不安に満ちたものに

**セネット（Sennett, R.）**
アメリカの社会学者。専攻は都市社会学。金融偏重の新資本主義の批判者として知られる。

セネット／斎藤秀正訳『それでも新資本主義についていくか』ダイヤモンド社（1999）

なっていることを明らかにしている。

リコは、セネットがこの本を書く25年前にアメリカのブルーカラーについての本を書いたときに話を聞いて知り合ったエンリコの息子だ。セネットが父親のエンリコに会ったとき、エンリコは子どもの教育と出世を目標として20年間ビルの清掃係として働き、妻のフラビアはクリーニング工場のアイロンがけの仕事をして、2人の子どもの大学進学資金を貯蓄していた。

そんな両親に育てられたリコは大学の電気工学科を卒業した後、ニューヨークのビジネス・スクールに入り、そこで知り合ったジャネットと結婚、2人はビジネス・スクールで教わった通り、頻繁に移動し仕事を変える方法を実行し、リコは卒業後の14年間で4度転職し、働く場所もシリコン・バレー、シカゴ、ミズーリ州の片田舎のオフィスパーク（これは妻のジャネットのキャリア・アップのためだった）、ニューヨークと移っていた。セネットが20年ぶりにリコに会ったときは、ジャネットはニューヨークの大きな会計監査事務所のチーム責任者となり、リコはコンサルタント会社を起業していて、スマートな革のケースに入れたパソコンを携帯し、セネットが及びもつかないような上等なスーツを着ていたという。

このように、変化に適合しつつ成功を収めた「勝ち組」、ネオリベラリズム時代の新エリートのように見える夫婦だったが、2人は「自分の人生を自分でコントロールできなくなるのではないか」という恐怖を感じているとセネットに話す。セネットは、最初はこの「アメリカン・ドリーム・カップル」に同情すべき点などあると思っていなかったが、次第に（昔エンリコの話を聞いたように）リコの個人的な話を聞いていくうちに、人生を自分でコントロールできなくなることへの恐れは、職を失う不安以上のものであることがわかってくる。リコは、今日の経済を生き抜くために取らざるを得ない行動や生き方が、自分を漂流させることを恐れていたのだ。

リコは、仕事の時間と家族の時間が両立しにくいことが最大の悩みだと言う。最初は、セネットは、リコが子どもと一緒にいる時間がとれないというおなじみの問題を言っているのかと思ったが、その問題の背景に、友人関係やコミュニティがその場限りのものになっていることがあると、セネットは気づく。父親のエンリコと同様に、リコも仕事を（経済的な意味だけではなく精神的な意味でも）「家族への奉仕」と考えているが、リコは、仕事がつきつけてくる要求がその奉仕を妨げていると言う。リコの最も深刻な悩みは、自分の職業生活の中身が、子どもに倫理を示す模範たりえないということだった。つまり、仕事がよくできるということが人間として良い人格ということにつながらなくなったのである。この本で使ってきた言葉で言えば「全体的な個人」としての人格は、友人関係やコミュニティの持続的な関係の中で、はじめて発揮されるものだからである。

## 「ノー・ロングターム」（長期的展望はいらない）の原則

セネットは、この「人格の腐食」に、父のエンリコと息子のリコの世代を隔てる変化を見ている。セネットによれば、新しい資本主義が人々の精神生活に最も直接的な影響を及ぼすのは、ハイテク情報通信やグローバル株式市場や自由貿易などではなく、「ノー・ロングターム」（長期的展望はいらない）という言葉で表わされる新資本主義の時間のあり方だと言う。

「ノー・ロングターム」の思考は、市場がかつてなく消費者主導になって、人々が求める変化に対して毎年同じことを同じ方法で繰り返すことが許されなくなっていることや、「せっかちな資本」が素早い投資リターンを求めていることによって生じた。それ故に、今日の企業は、短期的な契約労働や非正規雇用を増やし、組織をより水平的で柔軟なものに変えるために、ピラミッド型（ツリー状のシステム）の組織をネットワーク型の組織へと組み換えようとしている。ピラミッド型の階層よりもネットワーク型の体系の方が組織のリストラクチャリングに適応できるからだ。このことは、昇進や解雇がこの先まで明確に決められたルールに基づいて行なわれなくなり、業務内容も明確に規定されなくなることを意味すると、セネットは述べている。つまり、「エンリコが生涯変わらぬ道筋で積み重ねた長い物語的な時間体験は、いまや機能しなく」なったのである。

そして、リコが語っていたことは、「ノー・ロングターム」という原則に集約される否応のない変化の連続が、人格の指針に機能不全を起こしているということであり、「ノー・ロングターム」というモットーは、インフォーマルな信頼や相互の献身などに裏づけされた社会的絆を腐食させてしまうと、セネットは言う。こうした絆は、インフォーマルに、組織の裂け目や断層に少しずつ根を張りながら、長い時間をかけて形作られていくものだが、短期的な契約労働や、課題ごとにメンバーも入れ替わる「プロジェクト」チームワーク中心の現在の短期的な組織は、いざというときに頼りになるという意味でのインフォーマルな信頼を熟成することができないのだ。そのことは、「勝ち組」だけではなく、ワーキング・プアと呼ばれる人々にも当てはまる。非正規雇用は、職場もすぐに変わり、誰と一緒に働くかも変わる不安定な生活を余儀なくされていて、なにかあったときに頼りになるような持続的な信頼関係をつくることが難しくなっている。

　つまり、「ノー・ロングターム」という時間のあり方が、持続的なコミュニティの絆や家族や友人への奉仕を妨げ、反復性のある習慣（ルーティン）や経験のもつ重要な価値を破壊しているのだ。

　習慣も固定的なものではなく時間の経過に沿ってゆっくりと変化するものであるが、その変化は、連続性のある時間経験なのであり、その連続性が経験というものをつくっていく。経験は、変化に対応するための指針を示すだけでなく、他の人とは異なる「全体的な個人」の独自性（「N＝1」）という発想の源ともなる。ところが、資本の要求による流動的な変化は、制度や組織を後戻りできないものであるかのように作り替えようとするもので、現在と過去とを不連続にして、日常的な経験を成り立たせなくしてしまう。そのために、組織も個人も方向性を見失ってしまうのである。

スマイルズという会社が、目先の売上や利益の確保よりも、「世の中の体温をあげる」といった長期的展望による価値観の浸透、展開を優先していることの意義は、日々の仕事を連続性のある時間経験にしようとしていることにあるのだ。

## 3 幸福感と「かけがえのなさ」「安定・安心」

### ネオリベラリズムが壊した幸福感

先に、新資本主義またはネオリベラリズムのシステムにおいて設計されるフレキシブルでフラットなネットワークは、「全体的な個人」同士のつながりによってつくられる柔軟で水平的なネットワークとは、似て非なるものだと述べた。前者には、後者をつくるのに不可欠な、持続する時間経験がなく、そこから生まれる自己の代替不可能性、つまり自分はかけがえのない存在だという実感もない。

しかし、文化人類学者の上田紀行が指摘しているように、自分が交換可能な存在であるという感覚は、自尊心を傷つけ、「愛」の基盤を奪うものだ。とりわけ、ネオリベラリズム的政策によって社会的流動性が高まり、社会の液状化が進むと同時に経済的格差が広がることで、自分が交換可能な存在であり、いつ入れ替えられるかわからないという感覚はますます強くなっている（上田，2005）。

最近は「幸福」について論じることが流行のようになっている。アラン（Alain）などの昔の『幸福論』がよく読まれたり、幸福という語が題名に入っている本がたくさん出版されたりしている。これは、人々が幸福感を喪なっていることの表われだろう。人がどういうときに幸福だと感じるかは千差万別だろうが、少なくとも、自分が入れ替え可能な存在ではなく、代替不

**上田紀行**
文化人類学者、東京工業大学教授。リベラルアーツ研究教育院長。スリランカでの「悪魔払い」儀礼のフィールドワークから「癒し」という言葉を日本社会に提示。著書に『生きる意味』『ダライ・ラマとの対話』、他多数。

上田紀行『生きる意味』岩波新書（2005）

可能なかけがえのない存在だと感じられること、そして日常が変わりないという安定性・安心が感じられることがその条件となっていると言えよう。しかし、ネオリベラリズムは、その両方を壊してしまっている。

他方、「全体的な個人」によるネットワークは、相手を全体的に把握するだけの時間をかけてつくられたものであり、そこでは個人は役割や属性を超えて代替不可能な存在となり、そのつながりを自分の居場所であり、安定した拠り所だと実感することができる。

働く場での自分の居場所については、多くの会社が成長し、社員もそれなりの昇進や昇給が見込めた時代であれば、役割や地位が居場所の代わりになることもあっただろう。また、「シャドー」としてのネットワーク的な関係を会社の中にもつこともできた（「釣りバカ日誌」の浜ちゃんは社長であるスーさんと、地位と無関係な「全体的な個人」としてシャドーの関係をもっていた）。しかし、現在のように競争が激しくなり、地位も不安定になっている状況では、入れ替え可能な役割や地位にしがみつくことは、その競争にますますからめとられることになり、居場所とはなりえない。いま必要とされるのは代替不可能な「全体的な個人」でいられる居場所を会社の中での仕事の中につくることだろう。スマイルズのように、会社の中で「全体的な個人」のネットワークをつくることができる環境が重要になるのである。

そして、そのような全体的な個人同士のネットワークこそが、序章で述べたように、モダン／ポストモダン以前から人類の社会の基底にあるものであり、モダン／ポストモダンになっても社会に必要なものなのだ。けれども、ポストモダン思想が道を開いてしまったネオリベラリズム社会は、その時間のあり方によって、全体的な個人同士のネットワークの熟成を妨げ、幸福感の基盤となるかけがえのなさも安定・安心も喪失させてしまったのである。

## 社会の流動化と経済成長なき時代の「鉄の檻《おり》」

ネオリベラリズムとは、既にみてきたように、資本主義の行き詰まりを打開し、グローバル化した資本の短期的な利益追求に応えるために、人と資本の流動性を高め、格差の拡大を個人の自己責任によって正当化する体制であった。そして、それがもたらしたものは、個人が部品のように入れ替え可能な存在となるようなかけがえのなさの喪失であり、人格の腐食や幸福感の下落であった。

しかし、だからといって、モダン（固体の近代）に戻って、ツリー状のヒエラルキー・システムを再構築するという途は、解決策にならない。1968年世代でなくても、それを「鉄の檻」と感じる人は多いだろうし、その時代がいまよりも幸福感があったとしたら、それは経済成長の時代だったからである。その理由は、物質的な豊かさがあったからというだけではない。確かにツリー状のヒエラルキー・システムは「鉄の檻」であったが、そのシステムの中で人々は、その「裂け目や断層に少しずつ根を張りながら、長い時間をかけて」インフォーマルな全体的な個人同士のネットワークを〈シャドー・システム〉としてつくる時間があったのだ。その将来まで見通せる安定した持続的時間は、経済成長がもたらしていた。

しかし、そのような第二次世界大戦後の経済成長は（同じ時期のヨーロッパの経済成長もそうであるが）戦争後の例外的なものであり、現在はどの先進国でもさまざまな方策を採りながらも経済成長していないのである。[5] つま

5　2018年の各国の経済成長率を見ると、上位3位までを内戦を経験したアフリカの国が占めており、上位20か国の半分までが、やはりアフリカ諸国である。先進国では、トップのアメリカ合衆国がようやく104位に入っている（中国は23位）。つまり、先進国には経済成長の余地がもはやないと言えるのである。

り、ツリー状のシステムを再構築したところで、幸福感を得るための前提条件がもはやなくなっており、拘束感が残るだけという結果が目に見えている。

このようにモダンの固体的な社会だろうと、ポストモダンの液状化した社会だろうと、幸福をもたらすことはないという悲観的な結論になってしまう。けれども、序章でシステムとネットワークの二重性について述べたように、人がそこで生きている以上、必ず社会には、全体的な個人同士のネットワークがつくられている。それは、現代の新資本主義またはネオリベラリズムが支配的な社会にも当てはまるはずだ。では、現代社会のどこにつくられているのか、それを大きく「逃避すること」と「巣食うこと」という2つのやり方に分けて見ていこう。

## 4　逃避の場所

### ゾミアの場合

人々が、現代社会の中で全体的な個人同士のネットワークをつくるために採る方策の一つ目が、「逃避」である。逃避と言うとネガティヴ（消極的）な意味合いのように聞こえるが、それは、システムとは別の原理の働く空間を創り出す積極的な実践である。

そしてそのやり方は、人類史の中で国家や資本主義のシステムに対応するときに用いられてきた普遍的な実践でもある。スコットは、『ゾミア――脱国家の世界史』（原題は『統治されない技法――東南アジア山地のアナキズム的歴史』）という壮大な本の中で、国家というシステムに対抗するための逃避という実践を魅力的に描いている。

「ゾミア」とは、東南アジア大陸部（ベトナム、カンボジア、ラオス、タイ、ミャンマー）および中国南部の山岳地帯を指す。そこには、焼き畑と狩猟採集を生業とする人々が１５００年にわたり暮らしていた。従来、彼らは山岳民族ないし辺境に残った、文明を知らない未開地域の人々と捉えられてきた。しかし、スコットは、彼らはもともと平地にいた農耕民であり、水稲農業による国家が登場してきたあと、その国家の支配から逃れるため山地に向かった人々であったと言う。つまり、スコットは、ゾミアの山岳地帯を国

**スコット（Scott, J. C.）**
アメリカの政治学者、人類学者。農耕社会における叛乱・抵抗について研究。

家（＝システム）からの避難地域と捉え、平地の国家からの逃亡者である山地民がそこで作り上げていた、クラゲのように柔軟に形を変える生業形態と社会組織と文化をそれぞれ、「逃避的生業」「逃避的社会組織」「逃避的文化」と捉え直したのである（スコット，２０１３）。

スコットの貢献は、野蛮から文明へという移行を、不可逆的な一方向の変化（進化）と捉える見方を放棄して、山地と平地の対立を、それぞれが固有の同一性を有しているような対立ではなく、共生し連続し混ざり合ったうえでの対立であり、その間を往復しているような可逆的な移行だとしている点にある。スコットは、「低地民の多くはかつて山地民であり、また山地民の多くはかつて低地民であった。いずれの方向でも一回かぎりのものではなく、一方から他方へ移ると、もう元には戻れないという類の移動ではなかった」（スコット，２０１３）と言う。

ただし、スコットは「過去半世紀のあいだに生じた技術革新と独立国家の野心が互いに組み合わさり、ゾミアの人々にわずかに残されていた相対的な自治さえをも弱体化させた。そのため、本書の分析は第二次世界大戦後の状

スコット／佐藤仁監訳『ゾミア——脱国家の世界史』みすず書房（２０１３）

況にはほとんど当てはまらない」と述べる。そして、「現代社会で私たちの享受できる自由に未来があるかどうかは、リバイアサン（強力な政府）を避けることよりも、それを飼いならすという途方もない仕事にかかっている。ますます標準化された制度の構造は、私たちの生活の隅々まで占拠するに至った。なかでも支配的なのは、私的所有制度と国民国家という欧米で顕著にみられるモデルである。そのなかで私たちは私的所有制度の生みだす富と権力の著しい格差、そして相互依存を深める人々の生活に押し付けがましい規制をかけてくる国家との格闘を強いられている」と、かなり悲観的に述べている。

### コミューン運動

しかし、20世紀後半に地理的な領域としての避難地域を消し去った現代社会でも、システムや制度から「逃避する」というやり方は、依然として人々の基本的な「もののやり方」である。たとえば学校という制度や会社勤めというシステムの中で居場所がないと思ったとき、「逃避する」というやり方は、システムへの無理な自己適応を辞めてしまえば、いまでもいつでも可能なものだ。

確かに、実際に逃げ出すのには困難と不安が伴う。それに現代社会において「68年の精神」から直接生み出された、自主管理と相互扶助による自給自足経済を目指す「コミューン運動」の挫折は、その困難を物語るものかもしれない。コミューン運動の意義は、システムを変えるために権力の掌握や革命によって体制打倒を目指すのではなく（そのやり方は現実の社会主義国への失望や資本主義国での反体制運動の失敗から放棄された）、システムの中に、システムとは切り離された自立的な生活共同体をつくりだそうという点にあった。

しかし、時間をかけてつくられるはずの共同体を理念的に計画してつくろうとしたその設計主義と、資本主義システムから自分たちを切り離そうとするあまり、閉鎖的で純粋な（煮詰まった）共同体にしてしまい、柔軟なネットワークからほど遠いものになってしまったことが、その挫折の理由だった。

## サードプレイスの誕生

しかし、現代社会においても、もっと手軽にシステムから切り離された逃避空間をつくりだすことはできる。その一例が、オルデンバーグが「とびきり居心地のよい場所」と呼ぶ、「サードプレイス（第三の場所）」である。それは家庭でも職場でもない（だから「第三の」とされる）、特定の目的もなく多種多様な人々が集まってとりとめもない会話をする、インフォーマルな「逃避」の場所である（オルデンバーグ，2013）。具体的には、18世紀のロンドンのコーヒーハウスや、現代のイギリスのパブやフランスのカフェ、アメリカの隠れ家のような小さな居酒屋、ゲームをする遊び場などを指す。内輪の常連たちが集まる場だが、何度か通って常連たちに受け入れられれば誰でもそこを居場所とすることができる開かれた場所でもある。そこはシステムにおける地位の格差のない平等な場所であり、ターナーのいうコミュニタスの場となっている。

そこは、「もう一つの家庭」とも称されるが、家庭とは違って職業も立場もさまざまな人が全体的な個人同士として親密になれる場所であり、現代の

**オルデンバーグ（Oldenburg, R.）**
アメリカの社会学者。カフェやパブなどコミュニティの中心になる場所を「サードプレイス」と定義した。

オルデンバーグ／忠平美幸訳『サードプレイス――コミュニティの核になる「とびきり居心地よい場所」』みすず書房（2013）

**ターナー（Turner, V.）**
文化人類学者。象徴、通過儀礼に関する研究で知られる。

**コミュニタス**
日常の秩序が解体した非日常的な状態。無礼講、カーニバルなどの祭礼や社会運動にみられる。

家庭や職場から失なわれつつある安定や安心のあるネットワークでもある。オルデンバーグは現代の新しく開発された都市空間からそのようなサードプレイスが排除されていると嘆いているが、それでもいろいろなすき間にそれをつくりだすことはできる。

サードプレイスは、システムにからめとられつつある家庭や職場からの逃避の場所であるが、人が現在の資本主義のシステムにおいてもなお、生きがいを感じるための貴重な場所である。それは用意される場所ではなく、自分たちでつくりだす場所でもある。しかし、オルデンバーグが嘆いていたように、そのような場所の創出や維持は困難になってきていることも事実だ。

また、サードプレイスには、システムからの逃避の場所であるという性格上、コミューンと同じ問題点もある。つまり、システムから切り離されれば切り離されるほど居心地は良くなるが、システムの中の社会生活にはほとんど変化をもたらさないものになってしまう。そうなると、オルデンバーグがサードプレイスの特徴として挙げていた「インフォーマルな公共生活の中核」としての公共性がなくなっていくのである。

## 5　システムに巣食うこと――小商い・職人・スマイルズ

### 資本主義の文化に対抗する価値

逃避の場所の創出が困難になってきている現代では、システムに「巣食う」というもう一つのやり方が重要になってくる。この言葉で表わしたいのは、システムのただなかにある職場から切り離された場所ではなく、ビジネスや労働環境そのものにシステムに対抗する別の価値を滑り込ませて、いわばシステムを「飼い慣らす」ような実践である。

ビジネスや労働にシステムとは別の価値を滑り込ませる例として、第２章で触れた小商いや職人的な仕事がある。小商店主や職人は、小規模自作農とともに、マルクス主義が「プチ・ブルジョワジー（小ブルジョワ）」と呼んで軽蔑してきた階級である。しかし、そのような生業は、資本主義以前から続いているものであり、人類史の中で最も普遍的な「なりわい」である。

スコットは、『実践　日々のアナキズム』において、現代社会でプチ・ブル

**スコット（Scott, J. C.）**
207頁参照

ジョワジーを称賛すべき点として、大規模なシステムによって公的・私的生活がますます統治されてきている中で、その小さな財産によって自治と自由を保持していること、いかなるシステムの下でもプチ・ブルジョワジーが欠かすことのできない社会的経済的なサービスを提供していること、そしてプチ・ブルジョワジーが世界的にみればいまだに最も大きな階級になっていることを挙げている（スコット，２０１７）。

そして、プチ・ブルジョワジーがマルクス主義から軽蔑されるのは、資本家とプロレタリアートという階級対立からはどっちつかずの存在であって、仲間でもありかつ敵であるからだという。また、スコットはプチ・ブルジョワジーがその活動の多様性や流動性において、国家の管理が最も困難な人々であるとも述べている（スコット，２０１７）。

セネットは、『不安な経済／漂流する個人』の中で、職人的な価値を新たな資本主義の文化に対抗するものと捉えている。「労働において、良き職人は機械的技術者以上のものである」とセネットは言う。職人は何か材料や道具に問題があれば、それを注視して解明しようと努めるが、その問題こそが

スコット／清水展ほか訳『実践 日々のアナキズム――世界に抗う土着の秩序の作り方』岩波書店（２０１７）

**プロレタリアート**
資本主義社会において、生産手段を持たず、自らの労働力を売ることで生活する階級。労働者のこと。

**セネット（Sennett, R.）**
１９５頁参照

対象への興味を高めてモノへの愛着が生まれる。しかし、新しい資本主義では、そのような職人的思考を認めることができない。フレキシブルで流動的・短期的な労働を中心に築かれた組織においては、ある特殊な問題に必要以上の興味を抱き、何かに深く関わろうとする者は能力判定で低くみられるのだ（セネット，２００８）。

セネット／森田典正訳『不安な経済／漂流する個人』大月書店（２００８）

セネットは、職人技はフレキシブルな資本主義組織にとっては扱いづらい存在だと言う。職人技をセネットは「それ自体を目的として何ごとかをおこなう」と定義し、そこには何ごとかをうまくなしとげた充足感が伴い、うまく行なうための理解が深まれば深まるほどやり方が大切になる。

しかし、短期の取引と常に変化する職務をベースにした新資本主義のフレキシブルな組織では、こうした深さは養うことができないが、フレキシブルな組織が恐れるのもまさにこうした深さなのだと、セネットは言う。と言うのも、「人間は何ごとかをうまくなしとげた満足感を欲し、なしとげたことを信じようとする」からであり、そういう欲求が長い年月をかけて人間の経験の中に根を張っていくと、フレキシブルな組織や新たな資本主義の文化は立ち行かなくなってしまうからである（セネット，２００８）。

## 資本主義の文化への挑戦

とすれば、現代の若い人たちの一定数にある、農業や職人や小商いへの興味は、新たな資本主義の文化への反逆や挑戦だと言えるのかもしれない。そこには、役割や数値ではなく全体的な個人として扱われたいという欲求もあるのだろう。けれども、現代社会では（世界的に見た人数はともかく）小商い人や職人や農民は周辺に追いやられている存在であり、資本主義システムの中心部に「巣食って」いるわけではない。

本書がスマイルズという会社に注目したのは、会社という資本主義システムの中心部に属する存在でありながら、そこに非資本主義的な価値を滑り込ませているからであった。第２章で、スマイルズを「小商いの集合体」だと形容して、会社のビジネスに小商いの価値を持ち込んでいることを述べた。また、社員たちも、複業として小商いや職人的な仕事をしている人が少なくないが、それだけではなく、スマイルズの仕事においてもセネットの言う職人技を発揮している人が多い。

第3章でも触れたように、ＳＳＴブランドコミュニケーション部の石井厚子さん（35歳）は、「スマイルズは職人気質が多い。調和というより、尖った人、主張を貫く人が多いのも特徴。それに驚いた。その辺が、入社してすぐだと、『強く感じることがあった』という感じ」と話していたし、ＳＳＴ人材開発部の蓮田文也さん（37歳）も、「ある一点に強い人の集まり。焚火に、肉に、魚に強いとか。個性がありますね、と言われるけども、個性というよりもこだわりが深堀りできる人の集団」と言う。このこだわりや深堀りも職人技の特徴である。

そして、それはＳＳＴでアルバイトとして働く人たちにも見られる。スマイルズの前に大手ファミリーレストランで店長として働いていたＳＳＴ営業企画サポート室の坂本剛志さん（48歳）は、「ファミレス時代との違いに驚いた。すごいこだわりがあるのに、マニュアルはない。ちょっとしたメニューの曲がりとか汚れをパートナー（アルバイト）さんがこだわっていて驚いた」と話している。つまり、仕事そのものに自らの創意工夫を加えるという、前述した（215頁）セネットの職人技の定義にあるような「何ごとかをうまくなしとげた充足感」のためのこだわりがそこにはある。

このように、スマイルズで働く人たちは、労働それ自体の中に、新しい資本主義では排除されている小商いや職人的な価値を持ち込んでいる。これは、スマイルズという会社の組織が柔軟で水平的なネットワークであるのは、新しい資本主義のフレキシブルでフラットな組織を採用しているからではなく、それに挑戦するような「全体的な個人同士の柔軟で水平的なネットワーク」だからであることを物語っている。そして、そのことが重要なのは、非資本主義的な「全体的な個人同士の柔軟で水平的なネットワーク」を、会社やビジネスという資本主義システムの中心部に「巣食わせて」、そのシステムを飼い慣らしていく実践だからである。

### システムに「巣食う」実践

そのような「巣食う」実践は、遠山正道さんがＳＳＴを立ち上げる原点であり原体験だと語る、商社マン時代の「個展」にも見ることができる。遠山さんは、１４８ミリ四方のタイルに抽象画を描き、それを組み合わせるアート作品を70点、仕事の合間に制作し、多くの仲間の協力を得て、代官山のギャラリーで個展を開き、その成功によって、「アドレナリンが最高値」という、何ごとかをうまくなしとげた充足感を経験する（遠山，２０１１）。そこで終われば、それは「サラリーマンの趣味」でしかないだろう。あるいは、サードプレイスと同じように、職場や家庭から切り離された「趣味」という空間だったからこそ、仲間との「全体的な個人」同士のつながりというコミュニタスが生まれたのだということで済んだだろう。

けれども、遠山さんは個展の開催を趣味という労働や家庭から切り離された空間でのコミュニタスに終わらせることなく、それをビジネスのスタートとしたのだ。遠山さんは、このとき感じ学んだこととして、「ウソ偽り虚勢のない自分自身をさらけ出すことで、必要以上に謙虚にならずに大いに喜べる」、「仲間とのセッションによってより良いものがひねり出せる」、「人は人のために惜しみない協力をしてくれる」などのことを挙げている。まさに「全体的な個人同士のつながりとしてのコミュニタス」の大切さを感じ学び、

遠山正道『成功することを決めた――商社マンがスープで広げた共感ビジネス』新潮文庫（２０１１）

それを新しいビジネスの成功につなげることが協力してくれた人たちへの恩返しになると思ったと述べる（遠山，２０１１）。

それがＳＳＴを始めることになる転機、「熱病のはじまり」だと遠山さんは言い、ＳＳＴという形になったのは、三菱商事の情報産業グループにいて、スケール感が合わずに「もっと手触り感のある、身の丈に合ったもの、自分で実感できるもの」として漠然と小売りや食の関係に身を置きたいと思っていたからだという（遠山，２０１１）。

このように、趣味や遊びを働くことと切り離すのではなく、それをビジネスに直接持ち込むという思考が、第2章で述べたレヴィ＝ストロースの言う「ほんものの社会」のスケールでの全体的な個人同士のネットワークを、まさにビジネスという資本主義システムの中心部に巣食わせることにつながっているのである。[6]

**レヴィ＝ストロース（Lévi-Strauss, C.）**
81頁参照

**6** 遠山社長だけではなく、第3章（149頁）で触れたように、取締役の野崎氏が「無意味なことをするのが好き」で「趣味」だという「ゲリラ活動」でのやり方は、そのままスマイルズのビジネスにつながっているように思う。

# 6 「半」と「雑」の思想

## 労働の充足感が得られるスケール

哲学者の内山節は、『半市場経済』という本の中で、「今日の私たちの労働の世界に、満ち足りた居場所があるかどうか」という問いを出し、その答えを「ふたつのスケール」の違いという視点から導き出している。

すなわち、今日でも自分の労働に充足感を感じるときがあるが、それはスケールの小さい世界でのことだと言う。たとえば、料理人がお客さんの対応に労働の充足感を得るとか、企業の中で働いているときでも、ユーザーとの関係や職場の人間関係の中で自分の労働の価値を感じることがあるが、それが可能であるのは、労働を成立させている関係がつかみとれる小さなスケールにおいてである。しかし、規模の大きな企業や組織になると、そこでの主役はシステムであり、その中の個人は容易に他の個人と置きかえられる代替可能な存在になる。つまり、関係が主役になれるスケールと、システムが主

**内山節**
哲学者。群馬県上野村と東京を往復しながら暮らしている。著書に『日本人はなぜキツネにだまされなくなったのか』などがある。

役になる規模とでは答えが違うのである（内山、２０１５）。

内山の言うスケールの違いは、レヴィ＝ストロースの言う「ほんものの社会」と「まがいものの社会」の規模の違いと同じことである。つまり、スケールの小さな「ほんものの社会」においてしか、代替可能な存在ではない全体的な個人同士の関係が生まれないということであり、そのような小さな世界での関係やネットワークの中でこそ労働の充足感を得ることができるというわけである。そして、内山は「今日とは、このことに多くの人たちが気づきはじめた時代なのだ」と言う。「にもかかわらず、そのシステムのなかで人々は働いている」わけで、「その結果、自分の労働が社会から必要とされていることを感じとれない虚しさと、しかしそこに自分の生活の出発点があり、そこにしか自己実現の場がない現実を感じながら人々は働いている」と言っている（内山、２０１５）。

## 「半市場経済」という解答

では、解くべき課題はどこにあるのか。市場経済のシステムの中で働きな

内山節『半市場経済――成長だけでない「共創社会」の時代』角川新書（２０１５）

**「ほんものの社会」と「まがいものの社会」**
81頁参照

がら、それが市場経済以外のものと結びついて展開するあり方を見つけ出すことだと、内山は言う。そして、それに対する解答を「半市場経済」として提示している。

内山は、現代社会には3種類の経済が併存しているとみている。市場経済と非市場経済、そして3つ目が市場を活用しているけれど市場原理だけで営まれてはいない経済、すなわち「半市場経済」である。経済史家で経済人類学の祖であるポランニーが明らかにしていたように、どんな社会においても異なる原理の複数の経済が複合的に営まれており、それによって社会は安定する（ポランニー，2003）。

けれども、資本主義システム、とりわけ新しい資本主義はそのシステムの生き残りのために、社会のすべてを単純な市場経済の原理で包み込もうとする。内山は、単純な原理に支配されることでもたらされる結果は社会の劣化でしかないと指摘している。

しかし希望は、今日の社会の中にも、市場経済に包摂されて見えにくくなってはいるが、非市場経済や半市場経済が展開していることにある。それ

**ポランニー（Polanyi, K.）**
経済学者。経済や交換に関する人類学的研究に影響を与えた。主著に『大転換』などがある。

ポランニー／玉野井芳郎・平野健一郎編訳『経済の文明史』ちくま学芸文庫（2003）

によって、市場経済のシステムの中で自分が代替可能な存在になったと感じた人々は非市場経済や半市場経済に向かうことが可能になる。ただし、それには非市場経済の部分を拡大する必要がある。その拡大のためには、有意義な関係の中で働くことを目指して起業するといった、半市場経済の活動が有効なのだと、内山は示唆する（内山、２０１５）。

そのうえで、内山は、新しい価値を創造する半市場経済的な動きには社会的使命感としての志が必要だが、持続するためには市場経済的に成立していなければならず、そのことを重視すれば志が曖昧になり、逆に志だけで動けば経営の持続が困難になると指摘し、その経済活動（ビジネス）は、「たえず動揺を繰り返しながら模索を繰り返していく」ものだとしている。

そのような二重性と「志」は、スマイルズにも見られるものである。つまり、スマイルズという会社は、内山の言う半市場経済的な経済活動を行なっているのだ。内山の言う志は、ソーシャル・ビジネスやＮＰＯに典型的に見られるものだが、スマイルズの志はそれらとは少し異なっている。ソーシャル・ビジネスやＮＰＯは、使命（ミッション）が明確であり、その使命感は

内山節『半市場経済――成長だけでない「共創社会」の時代』角川新書（２０１５）

成員に共有されていることが重要になる。それに対してスマイルズの使命は「世の中の体温をあげる」という曖昧なものであり、その志はむしろ、成員一人ひとりの自分事としての志であり、関係の中で全体的な個人となることを目指す志であった。そして、スマイルズという会社におけるそのような志の方が、ビジネスと志の二重性が分裂することが少なく、また使命感というハードルも低いという利点があるように思う。つまり、半市場経済の実践をより広く捉えることができるし、広がりやすいと言えるのではないか。

## シェアの経済原理が支える「雑」共同体

ところで、内山が「半」という語で表している複合性を、文化人類学者の辻信一は、作家の高橋源一郎と作った『「雑」の思想』という本の中で、「雑」という語で表わしている（辻・高橋，2018）。辻は、ポランニーの研究に言及しながら、市場原理が一元的に支配する社会よりも他の経済原理が働いている「雑」の経済の方が生きづらさが少ないということを示唆し、とりわけ互酬性による贈与よりも「シェア（分配・分かち合い）」という経済原理が働い

**辻信一**
文化人類学者、環境運動家。スローライフ、キャンドルナイト等をキーワードに活動を展開。主著に『スロー・イズ・ビューティフル』などがある。

**高橋源一郎**
小説家、文芸評論家。散文詩的な文体でつくられたポップ文学として注目される。『優雅で感傷的な日本野球』で三島由紀夫賞受賞。その他著書多数。

ているということが「雑」の共同体を維持するということ、そして共同体はもともと「雑」としてあったことを述べている（辻・高橋，２０１８）。

そのことは、アナキスト人類学を標榜するグレーバーが述べていたことでもある。グレーバーは、大著『負債論』の中で「コミュニズム」を、互酬性とは区別された、「『各人はその能力に応じて、各人にはその必要に応じて』という原理にもとづいて機能する、あらゆる人間関係」と規定し、「それは、いま現在のうちに存在しているなにかであり、程度の差こそあれあらゆる人間社会に存在するものなのだ」と言う（グレーバー，２０１６）。

また、「なんらかの共通のプロジェクトのもとに協働しているとき、ほとんどだれもがこの原理にしたがっている」と述べ、エクソン・モービルやバーガー・キング、ゴールドマン・サックスのような資本主義企業においても、人々はコミュニズム的に働いているのだと言う。

そして、「水道を修理しているだれかが『スパナを取ってくれないか』と依頼するとき、その同僚が『そのかわりになにをくれる?』などと応答することはない」という例を出しながら、「わたしたちはみな・かなり多くの時

辻信一・高橋源一郎『「雑」の思想――世界の複雑さを愛するために』大月書店（２０１８）

**グレーバー（Graeber, D.）** ロンドンスクール・オブ・エコノミクス（LSE）の人類学教授。「われわれは99％だ」というスローガンによる、ウォール街占拠運動の理論的指導者としても知られる。

グレーバー／酒井隆史監訳『負債論――貨幣と暴力の５０００年』以文社（２０１６）

間をコミュニストのようにふるまってすごしている。とはいえ、一貫してコミュニストのようにのみふるまう者はいない。この単一の原理によって組織されたひとつの社会という意味での『コミュニズム社会』が存在することは、決してありえない。だが、あらゆる社会システムは、資本主義のような経済システムでさえ、現に存在するコミュニズムの基盤のうえに築かれているのだ」（グレーバー，２０１６）と述べている。[7]

## スマイルズという会社に現われた社会思想の到達点

グレーバーの言うコミュニズムは、辻の言うシェアの経済に当たるものだが、いずれにしろ重要なのは、市場経済以外の原理が社会の基底に存在していること、それは、資本主義システムに支配された社会においても、あるいは資本主義的企業の中でも展開しているものであるということである。それが「半」であり「雑」である。

「半」や「雑」の思想が大事なのは、現在の資本主義システムの中で生きづらいという状況があっても、そのシステムのただなかに市場原理とは異な

グレーバー／酒井隆史監訳『負債論――貨幣と暴力の５０００年』以文社（２０１６）

7 社会の基盤にあるコミュニズムは、災害などが起きてシステムの機能が停止すると、困難を乗り切るための助け合いの共同体として立ち現われる。それが、ソルニット（Solnit, R.）の言う「災害ユートピア」である（ソルニット／高月園子訳『災害ユートピア――なぜそのときに特別な共同体が立ち上がるのか』亜紀書房［２０１０］）

る原理の働く部分を拡大していくことが、システムを飼い慣らし、生きやすさや労働の充足感を獲得していくことになるという点にある。つまり、「反資本主義」のようにそれを打倒して別のシステムによる未来を目指すのでもなく、また市場経済とは切り離されたところに閉じた逃避空間をつくるだけに終るのでもないことが重要なのである。[8]

内山は、「資本主義は問題だらけだが、しかしその次の社会は提起されていない。かつて社会主義という提起もあったが、それに替わるものがつくられていない」という意見をよく聞くが、そのような意見は社会主義が未来の社会として語られていた時代の幻影でしかないと述べ、社会はそのような形では変化していかないと言う（内山，２０１５）。また、グレーバーは、「一貫してコミュニストのようにのみふるまう者はいない。この単一の原理によって組織されたひとつの社会という意味での『コミュニズム社会』が存在することは、決してありえない」と言っていた。

つまり、20世紀の社会主義革命の失敗は、コミュニズムという単一の原理による社会を未来社会として提示し、その原理を純粋な形で社会として実現

8　システム依存からの脱却
小田亮「はぐらかし・やり過ごし・じゃれ合い的生活のすすめ」より
https://www.hyj-susume.com/entry/2017/06/07/120000

内山節『半市場経済——成長だけでない「共創社会」の時代』角川新書（２０１５）

させようとしたその設計主義と純化主義にあったと言えよう。そして、そのような設計主義は単一の市場原理を純粋な形で実現させて資本主義を延命させようとするネオリベラリズムにも共通している。けれども、一貫して資本主義者のようにのみふるまう者はおらず、したがってその単一の原理で組織されたという意味での「資本主義社会」などありえないのも同様なのである。

「半」や「雑」の思想は、コミュニズムやシェアの経済などが、未来の設計図としてではなく、現にある関係性の一様態として、システムとともに／システムの裏側で働いていること、全体的な個人同士のネットワークやコミュニタスとして既に存在していることを描くものである。それは、現代の社会思想の到達点として多くの思想家に共有されてもいる。スマイルズという会社は、そのような思想を広めやすい形で体現しているのである。【小田亮】

# 対談

文化人類学者
小田 亮

スマイルズ代表取締役社長
遠山正道

## 会社っぽくない会社をつくる

小田　この本は、約1年間にわたって行なったスマイルズでのフィールドワークの記録です。今日は本の内容も踏まえて、〝スマイルズ〟という民族の首長でもある遠山さんに、本書の「まとめ」に代えて、インタビューさせていただければと思います。

『成功することを決めた』[1]という本の中で、遠山さんは「会社っぽくない会社をつくる」と書かれていましたよね。この話は、それによって無責任な会社ができてしまったという失敗談としての文脈に出てきたのですが、ただ、いま現在スマイルズは、やっぱり「会社っぽくない会社」に見えるんですよね。

遠山　まぁ、そうかもしれませんね（笑）。我々、変にロジックで動いていないので、自然体でやっていたらこうなっていたというか、基本的に前からずっと変わりません。かなり有機的にできあがっている組織だから、どこを切り取っても、いつ切り取っても、同じようなことになっているのかなという気がします。

あらためて考えてみると、1996年、当時はまだ三菱商事のサラリーマンだった時代に、代官山のギャラリーで私が絵の個展をやったことが大きなきっかけになっているんですよね。その経験と照らしてみると、いまやっているいろいろなことがそのまんま個展の話と重なる感じなんです。

たとえば、スマイルズはマーケティング

をしないっていう話も、アーティストが作品をつくる前に「どんな作品が欲しいですか？」なんてアンケートとりませんよね。つくって世の中に提示することが大事なのであって。

逆に言うと、マーケティング的に外の状況にほだされて、自分で思ってもいないようなものをつくって、しかも売れもしないなんていうようなことがあれば、「何やってんのかな……」みたいなことになるわけです。

だから、「ファストフードってなんでこうなっちゃうの？」っていう想いからスタートしたSoup Stock Tokyoをはじめ、私にとっては一つひとつの事業が自分事です。自分事の権化がアーティストですからね。ビジネスはアートから学ぶことが多いと思っています。

**小田**　商社マンが個展をやるって、普通は趣味ですよね。それをビジネスに結びつけようというのは、あまり思わないような気がするんですが？

**遠山**　それはですね…（笑）。自分自身すごく手応えを感じたんでしょうね。言ってみれば、これこそ本来の商いのあり方なんじゃないか？ みたいな。本田宗一郎[2]だって誰だって、みんな自分の夢に気づいてぶち込むわけじゃないですか？ それをたぶ

1　遠山正道『成功することを決めた——商社マンがスープで広げた共感ビジネス』新潮文庫（２０１１）　2　実業家、技術者。本田技研工業創業者。

ん感じたんだろうなと思います。私の場合、それがたまたま絵だった。

**小田**　スマイルズのウェブサイトに掲載されている遠山さんのメッセージに、「実業と妄想が得意です」とありますよね。「妄想」＝「アート」ということでしょうか？

**遠山**　そうですね。最近だと「子どもの眼差し×大人の都合」という言い方をしていますが、同じ意味ですね。

**小田**　両方とも必要だとおっしゃってるし、アートとビジネスを結びつけるのもそういうことだと思いますが、ただ、遠山さんにお話しを聞いたりすると、やっぱり重点は妄想、子どもの眼差しの方に置かれていますよね。

**遠山**　そうですね。実業や大人の都合もすごく大事で、それがないとビジネスはうまくいかないんですが、でも正直、それが得意な人って世の中にたくさんいると思うんですね。私は妄想側だし、実業側は私より得意な人、優秀な人にお願いしているっていう感じですね。

**小田**　それは社員のみなさんへのインタビューでも感じました。ある人は、最近はあまり言わなくなったけど、スマイルズには「発想チーム」と「ビジネスチーム」が両方あるんだと話してくれました。

**遠山**　お互いリスペクトし合いながらチームができている感じです。さらに言えば、一人の人の中にも「子どもの眼差し」と「大人の都合」の両方があって、バランスをとりながらやっている。

私自身もビジネスのシーンではアートのことを話し、アート活動のときはビジネスの話をしてみたいな、ビジネスとアート、その両方を行ったり来たりしながらやってきている感覚がありますね。

## スマイルズさんという人格

**小田**　スマイルズではよく、「スマイルズが○○したら、こうなった」という言い方をしますよね。会社とかブランドの人格化については、Soup Stock Tokyo の企画書に出てくる「秋野つゆさん」が最初ですか？

**遠山**　そうですね。

**小田**　秋野つゆさんのプロフィールを読んでいておもしろいのは、会社の理念、スタイルにつながるようなことも書いてあるわけですけど、それとはまったく関係ないことも書き込まれていますよね。たとえば「プールへ行くと突然クロールをする」とか「フォアグラよりもレバーが好き」とか。

　つまり、単に企業理念を置き換えて表わしたというのではなくて、「秋野つゆ」という人格を作品としてつくろうとしていますよね。あの発想はどこからきているんですか？

**遠山**　ブランドを立ち上げた当初は、店一個つくるのにも無数のジャッジが必要になるわけです。持ち帰り用の紙袋はどうしようかとか、テーブルの木の素材はこれでいいのかとか。それを一個一個ルール立てるのはもちろん難しくて、でもだからといってどうでもいいっていうのは嫌で。
　言ってみれば、自分のつくりたいものをつくりたいんですけども、そのジャッジをみんなで共有したかったんです。企画書に「俺が」「俺が」って書いたら、客観性もなくなってしまう。それで別人格を立てて、みんなが共有しやすいようにしました。そうすることで、秋野つゆさんが選ぶとしたらどれかな？っていうように、ジャッジがしやすくなる。秋野つゆさんは「装飾より機能を好む」、じゃあ、ここのデザインはまっすぐでいいな、とか。そういう見立てというのかな。「いやいや、これじゃ秋野つゆさんっぽくないじゃないか」って、私も客観的に言いやすい（笑）。

**小田**　「スマイルズさん」という人格を一人の人物像として描いた場合には、秋野つゆさんとはずいぶん違ってくるんじゃないかと思うんですが、どうですか？

**遠山**　どうかな。Soup Stock Tokyoも、もういまや20年やってますし、デザイン的にもゴシック体じゃなくて明朝体とか、やさしい言葉遣いとか、自分で言うのもなんだけど品の良さとか、そういうものが基本にありながら、自分で自分の人格を形成していっているとは思います。
　最初のとっかかりは私だったけれども、小説の中の主人公が独り立ちしていくように、いまはみんなが人格をより良くしていってくれている感じですね。みんな、スマイルズさんという人格のイメージを朧気ながら、自分なりに持っていると思うんです。これに背いちゃまずいな、みたいな感じはあると思います。

**小田**　「スマイルズさん」の思わぬ成長を感じたことはありますか?

**遠山**　そういう意味で言うと、「子どもの眼差し×大人の都合」の大人の都合の方が私は弱いので。それはちゃんと松尾以下、実業が得意で優秀な人がしっかりやってくれている。そのおかげで単なるやんちゃなだけじゃない人物に成長してくれてありがたいなと思っています。

　他にも、スマイルズさんというキャラ設定だけだと、ちょっと範囲が特定されすぎてしまうので、すごくいい人キャラからちょっとリアルな、いやいや恋愛だってするしっていうところで、ＬＯＶＥとＡＲＴの要素を取り込んだパビリオン[3]が生まれたり。そういうふうな幅の広げ方ができていますね。

## 小商いの集合体

**小田**　この本では、スマイルズのことを「小商いの集合体」という言い方で表現しています。「小商い」というのはマーケティングもいらないし、規模の拡大を目指してるわけでもないし、分業もしない。顔

**3**　１３４頁参照。

のみえる範囲の顧客との直接的なつながりの中で商売を営むわけで、スマイルズのスタイルによく似ているなぁと思うんです。

**遠山**　私も何年か前のスマイルズの年賀状では個人の〝個〟で「個商い」という書き方をしました。要は社員にとっての働く意味みたいな。セカンドライフじゃないけれども、スープって立ち仕事で大変だし、「なにがやりたかったんだっけ？」って立ち止まることがあったときに、先輩たちが個商いのように小さなビジネスでもいろいろ試行して、生き生きとしていれば、あとはあなた次第みたいなね。そういう状況にしておきたいんです。

**小田**　社員に複業や起業を推奨しているのもそういう考えからですか？

**遠山**　そうですね。いきなりゼロイチで始めるのにはリスクも根性もいるので、少しずつグラデーションをつけて取り組んでもらえれば。

**小田**　遠山さんがいらした三菱商事はビッグビジネスの会社ですけれども、そんな中どうして小商いのスタイルを思いついたというか、目指されたのでしょうか？

**遠山**　先ほどもお話したように、そもそもはサラリーマン時代の絵の個展から始まっています。

　私、最近、講演なんかでよくお話しているんですけど、絵の個展って、いま思えば、私にとってのはじめての意思表示だったんです。当時、33歳でしたが、慶応大学出て、三菱商事に就職して、それまで何の苦労もなかったわけです。そんな中で、べつに上司に言われたわけでも、かみさんに言われたわけでもなく、いろいろなハードルはあったけど、頑張ってやった。なんで？って聞かれても、合理的な理由もないし、それでもやってみた。そういうことを一般的な言葉に置き換えると、情熱とか夢とかっていうことだと思うんです。

　そこで、これがはじめての意思表示であり、はじめての自己責任だったんだということに気づくわけですね。だから、絵の個展が成功したときの喜びとか、やりがいがすごく大きくて。自分たちでつくって、世の中に提案するということをやりたくなった。その気持ちが起業につながったわけです。

　だからきっと、スマイルズに集まってきてくれる人たちには、大なり小なり自分の想いを世の中にぶつける、小さくても自分の世界を持つということにたぶん憧れがある人たちだと思うんです。でも、サラリーマンっていうのは、会社の都合とか、上司の命令とかで動くことが当たり前になってしまって、自分で動いてない、意思表示していないということすら忘れてしまう、だいたいそうなりがちなわけですよね。

　だから、自分なりの発想、世の中に提案したいものがあるんだったら、会社をうまく生かしながらやっていってほしい。お声がかかることも重要だけど、自ら仕掛けることにも挑戦してほしい。会社から給料をもらっているうちに、どんどん試し打ちしながら、私が個展で喜びとやる気を得たように、みんなにもそういう経験をしてほしい。

　それは本人にとってもいいことだし、ひいてはスマイルズにとっても重要なエネルギーになっていくと思うんです。スープというものに共感して集まってくれた仲間たちが、作品のように商品をつくって世の中に提案する。それを受け取った人たちとの間に共感の関係性ができれば、どんどん広がっていくだろうと思います。

**小田**　遠山さんが山崎亮さん[4]と対談したときに、スマイルズのほとんどの事業が遠山さんの発想になっている、つまり、社員一人ひとりが〝スマイルズさん〟という人格を基準にして、独自に発想するというふうには残念ながらまだなっていないということをお話されていました。

**遠山**　あれは結構前の話ですね。その後に生まれたファミリーレストラン「１００本のスプーン」[5]は私、全然タッチしていないんです。だから、だんだんとそういう事例は増えてきているんですけど、新しいビジネスをやるというのは、やっぱりハードルが高いんですよね。我々もなんやかんや20年やってきて、オウンビジネスはまだ5つか6つぐらいしかない。

　ビジネスの大変さも自分たちでわかってしまっているし、だからよっぽどの想いとか、発意がないとスタートできないという感じはあるから、なかなか生まれてこないっていうのはあると思います。

私はよく「頭からつっこむ」という言い方をしますけど、「もう、やっちゃえ！」みたいな経験値は、みんなにはまだ少ないので、どうしても飛び込む前にいろいろ考えてしまうっていうことはあると思いますけどね。まぁ、毎日忙しいし（笑）。

## アートとビジネスとスマイルズ

**小田**　これからのスマイルズのことを考えて、〝遠山離れ〟みたいなことは意識しますか？

**遠山**　そもそも会社を継続することはあまり考えてないんですよね。「継続的」っていう言葉には、実はちょっと違和感があって。

私は会社ってもっと刹那的で、用がなくなれば終わるものだと思っています。たとえば舞台の役者さんが「私は死ぬまで役者やるんだ。50年、役者を続けるんだ」って言ってみても、お声がかからない限り……ね？　インフラみたいなものだって、時代が変わって役に立たなくなれば廃れてしょうがないと思います。しがみつくと、ちょっと痛いものになりますしね。

もちろん結果としては継続していたいですけど、継続を目的化するのは違うんじゃないかなと私は思っているんです。

4　103頁参照。　5　71頁、176頁参照。

**小田**　本書でも継続を目指さない会社って書いています。

**遠山**　それはよかった（笑）。それに、いま、なにもジャッジしてないんですよ、私。だから、もう〝離れ〟はできていると思いますね。

「遠山さんがいいって言ったから」っていうのはめちゃダサイっていうような言い方をよくしていますし、「俺がいいって言ったらなんでもやるの？ そんなのいる意味ないじゃん」みたいなことも言っています。

**小田**　そこがやっぱり普通の会社とは違うところですね。

**遠山**　私のポジションどうこうよりも、やっぱり社員にはこれからも私が何かに向かって一所懸命やっている姿を見せるのが一番いいスタイルだと思うんです。

**小田**　この前、お話をうかがったときには、ザ・チェーンミュージアム[6]の構想についておっしゃっていましたね。

**遠山**　そうですね。「ザ・チェーンミュージアム」の活動を始めて2年ぐらいたちましたけど、その頃、スープの次は何かなっていろいろ考えていて。社会人になってからはじめて10日間の休みをとって、バーゼル・アートフェア[7]とミラノ・サローネ[8]に行きました。そこである種の疎外感を感じたことがきっかけになって、いまはザ・チェーンミュージアムに力を注いでいます。いまでは、スマイルズからアートを抜くと、つまんなくなっちゃうというか、個性の一つになっているんじゃないかなと思いますね。

小さくてユニークなミュージアムを世界中にたくさんつくりたいんです。檸檬ホテル[9]とか森岡書店[10]みたいに、小さいほどリスクが低いから思い切ったことができる。飲食の業態って、どうしても先行投資が重くて、思いつきを形にしていこうという、良い意味での緩さがまだまだ弱いんです。

まぁでも、スマイルズは相当特殊で良い会社だなと思います。なんでかというと、新しい事業を立ち上げるときに、拡大とか利益を優先順位の上に置かないから。それってやっぱり珍しいんですよね、たぶん。普通の会社だと、どうしても拡大は？利益は？ということを問われて、そこから先に進めなくなる。それで、アイディアが潰れていくっていうのが現実じゃないかと思うんです。

**小田**　確かにＮＰＯみたいですよね。

**遠山**　そんな感じですよね。まぁ、でもＮＰＯって言われてもあんまり嬉しくないのだけど（笑）。

**小田**　ビジネスでいたいわけですね。

**遠山**　だから、いい環境にあるよなって思うんだけど、でも、いまのところ手を挙げ

---

**6**　遠山正道とクリエイター集団ＰＡＲＴＹが共同出資している新会社。美術館や芸術祭に限らず、アートに触れる場を「ミュージアム」として再定義し、ユニークなミュージアムを世界中につくることを目指す他、鑑賞者とアーティストをつなぐ新しいプラットフォーム「ＡｒｔＳｔｉｃｋｅｒ」なども開発。　**7**　スイスの都市、バーゼルで開催される世界最大級の現代アートフェア。国際芸術機関のトップやキュレーター、各種アート財団のディレクター等が一堂に会する。　**8**　イタリア、ミラノで開催される世界最大規模の家具見本市。　**9**　１３３頁参照。　**10**　50頁参照。

てくる人はあまり多くなくて。本当はもっともっと出てきたらいいのにって。

私としては、立場が人を育てると思っているんです。Soup Stock Tokyo は分社化しましたけど、ジラフも分社化したらいいなと思っている。それはなんでかと言えば、たとえば会社が5個できたら、5人の社長と20人ぐらいの役員が生まれるじゃないですか。彼らにとっては、事業が自分事化する。

私の起業の話って、どうしても抽象的な話が多いんですが、具体的な提案としては孫会社で始めることを勧めたいんです。ハンコの少ない、監視の少ない状態でスタートして、そこから戻ってくればいい。

そうやって、スマイルズの中から事業を分社化して、新しい村がどんどんできればいいかなって。でも、これもあるべき論、規則みたいなものではなくて、それぞれが自分の立場でそういうことをたくらんでやっていってほしいなと思います。

**小田**　遠山さんの言葉は感覚的で、いろんなふうに意味がとれますよね。

社員のみなさんへのインタビューでも感じたのですが、「世の中の体温をあげる」とか「低投資高感度」とか、企業理念を表わした言葉を、各自でみんな違ったように解釈していました。

**遠山**　あ、そうですか? そうかもしれない(笑)。アートに絡めて言うならば、作品ってまさにそうで。正解があるわけではなくて、見る人が作品との間の関係性の中で自分のやり方で感じればいい。受け取り方は十人十色あってよくて。そのことと似てると言えば、似てますよね。

**小田**　本文の方にも書いたのですが、あいまいな言葉だからこそ、自分事に引きつけて解釈している社員の方が多かったです。

同じ意味や同じ価値観を共有した同質の集団ではなくて、「N＝1」の個性同士でつながっていることがスマイルズの特徴だと思います。

世の中に対して質の高い提案をし続けるには、異質な考え方同士の摩擦が必要で、スマイルズという会社にはその条件が自然と備わっているのだなと感じました。

**遠山**　そうですね。私もインタビューとかで、企業理念をはじめいろいろな考え方を、どうやって社内に浸透させているんですか？って聞かれることがあるんですけど、実は全然やってないんです（笑）。それこそ、こういう書籍とか、インタビューとか、かつてでいえば私のブログとか、そういうものを通じて、みんなが勝手に取り込んでくれている。

「自分事」ということをよく言っているんですが、「世の中の体温をあげる」とか、うまくその言葉を利用しながら、自分の立場で運営していってくれればと思っています。

# おわりに

スマイルズ取締役兼クリエイティブ本部本部長　野崎亙

## スマイルズの中の人――野崎の場合

本書をここまで読んでいただいた方は薄々気付いているでしょう。スマイルズはとても〝曖昧〟なんです。どうも取り付く島がないというか、いまひとつ一般の会社組織と照らし合わせたときに参考にならないというか。

ビジネスパーソンの方でこの本を手に取った方がいたとすれば、きっと何らかの組織のマネジメントを行なっているか、あるいはこれからの企業組織のあり方を模索されているという方が多いのではないでしょうか。私も皆さんと同じく弊社の2つの組織の長として、あるいは株式会社スマイルズの役員として（こちらは名ばかりですが……）組織の在り様について日々頭を悩ませる同志です（笑）。

そんな〃中の人〃が本書を読み、会社組織をカタチ作る当の本人として感じたことをお話しします。

遠山さん（スマイルズでは社長も含め役職で呼ぶことはまずありません）と小田先生との対談でも語られている通り（231頁）、スタッフ一人ひとりが全然上司の言うことを聞いてくれないのは事実です（笑）。

〃鶴の一声〃がスルーされるなんてことは日常茶飯事。

ここに所謂《いわゆる》ツリー状のシステムである旧来型の組織と、個人との関係性におけるスマイルズの特異性の一端を垣間見ることができます。

## 〃頼る〃と〃使う〃のマネジメント

企業における上司と部下との関係性といえば、決裁権限を有する〃上司〃と、上司の命令に従い、業務遂行を行う〃部下〃という構図が（前時代的とも言えるかもしれませんが）一般的と言えるでしょう。

この上司と部下との関係においては、上司はミッション遂行のために部下を〝使い〟、部下は上司の決裁を獲得するために奔走し、難題にぶつかればその都度上司を〝頼る〟という構図が存在していると思われます。

〝頼りがいのない上司〟の話を肴にした飲み会はやっぱり盛り上がるものですよね。これはこの両者の契約関係に破綻が生じたために生まれるコンプレインが、本書で言うところのインフォーマルなネットワークにおいて表面化しているということでしょう。

この契約関係をより強固なものとするために、〝頼りがいのある強き上司〟を目指すこともマネジメント従事者にとっては大切なことかもしれません。

しかしながら、私はそれとは少し違うスタンスで考えています。

皆さん、『のぼうの城』（和田竜著）という小説をご存知でしょうか。映画化もされたので、もしかしたら観たことがある方も多いかもしれません。ここで登場する主人公・成田長親は、領民から「でくのぼう」を略して「のぼう様」と呼ばれて親しまれる人物でした。不器用で馬にも乗れない、将に求められる智謀や武勇といった素養はないが、民の皆から愛され、誰しもが長親のためならば命を賭けることさえ厭わない、といった人でした。
　確かに長親は頼りがいのない人物かもしれません。ただシステムを超えてネットワークとしてつながっていた民の一人ひとりからすれば、助けるに値する個人だったと言えるでしょう。

　さすがに私には長親ほどの見えない人望があるわけではないのですが、スタッフ一人ひとりと接する際に心がけていることがあります。

### 「社員を頼れ。上司を使え」「決裁はそれぞれ」

　上司と云えども、そうそう完璧な人はいませんよね。私もそのうちの一人です。個人的な話で恐縮ですが、スケジュール調整や管理がすこぶる苦手で、人工管理やらコストコントロールやら、マネジメントとして必須の素養は大部分が欠落しています。遠山さんとちょっと似ているかもしれません。だからこそ右記のような仕事は部下に頼ってお願いしています（みんなごめん！）。その代わりに「プレゼンは任せてくれ。絶対に負けない！」という覚悟で挑んでいます。「誰よりもおもしろいアイデアを生産してやる！」と息巻いています。そして、部下に困ったことがあったなら絶対にケツをふくつもりでいます（たぶん）。

また、本書でも紹介されている「エイプリルフール企画」が生まれたいきさつからもおわかりになるかと思いますが（133頁）、スマイルズでは〝決裁〟というプロセスが非常に曖昧です。いわゆる上司の決裁というプロセスがほとんどありません。要は決裁＝決断は担当しているそれぞれのスタッフが自分ですることなんです。じゃあマネジメントは何をするのか……そうです、責任を取るだけです。あるいは彼らが決断するうえでのアドバイスや意見、助言をするだけ。「俺だったらこっちのほうがいいな」とか「俺ならこんなコンセプトでいくな」とか。あるいはどうしてもこれがいいと私が思うものがあれば、部下に逆提案！なんてこともよくあります。だって上司以前にライバルだと感じているから負けたくない！（笑）。けど結構不採用にされてしまったりします。部下から〝使われる〟なんてこともよくあります。

「野崎さん、ここのコンセプト文を来週までに提出してください」とか「トラックの運転お願いします！」とか。

上司の私にとって皆は〝頼りがいのある武器〟であり、皆からすれば、上司の私は〝使える道具〟である。そんな関係を結ぶことができれば、一人ひとりがまさに本書のテーマである「全体的な個人」として思いっきりジャンプできると思うわけです。

そして、そんな「全体的な個人」一人ひとりを支えているのが、社内外の関係人口（本書で言うところの水平型のネットワーク）です。大半がプロジェクト型で進行していくスマイルズの仕事では、周囲の皆を巻き込む力が必要です。つまり、合意形成や多数決をとるような政治力よりも、その人の仕事や決断に信頼を抱いてもらうための日々の営みが非常に大切です。この与信を軸とした関係人口、ある種の「シャドー・システム」がツリー型の縦の系よりも表に立ってくるわけです。もう少し言うならば、現経営陣はそのほとんどが、シャドー・システム的な関係人口をより多く持っている人たちなのだろうと思います。自分一人で決めるのが不安であれば、その不安を払拭するために、社内外の関係人口の中から自分よりもわかっている人を探し、聞いてみればいい。頼ってみればいい。そして納得できれば自分で（あるいは周りを巻き込んで）決断すればいい。スマイルズでは、そうやって日々、プロジェクトが生まれ、成果が形作られていきます。

## 「得意」と「実行」と「期待値」が評価軸

私の部門では、そうした行動を促すために、（現時点では）スタッフ一人ひとりに共通する評価指標が存在していません。一人ひとりを違うモノサシで測っていると言っていいでしょう。私は主にスタッフの〝得意〟と〝実行〟と〝期待値〟を観察しています。

〝得意〟とは自分が得意なこと。どんな小さなことでも構いません。私ならば誰よりもプレゼンが得意だと自負するとともに、社内外に喧伝して回っています。もはや〝得意〟とは〝覚悟〟と言い換えても差し支えない。自分の〝やりたいこと〟は変わっても、自分の〝得意〟はそうそう変わらないものです。そして、自分の〝得意〟は諦めることができない。なぜならそれが自分のレゾンテートル（存在意義）そのものだから。だから私はスタッフ一人ひとりの〝得意〟を一番大切にしています。この〝得意〟を伸ばしていくことで水面に沈んだ網の真ん中を指でつまんで持ち上げたときのように、その周囲にある、見えなかった自分の力も必然的に現れてくる、結果的にいざ〝やりたいこと〟をやろうとしたときに、その〝得意〟が役立ってくれると信じています。

次に、〝実行〟とは、そのまま〝実行すること〟。成果主義ではなく実行主義とでもいいましょうか。なんらかのプロジェクトを遂行してうまくいったかどうかは、時の運のような要素もあるでしょう。弊社では実績が出なかったから降格みたいなことはまずありえません。日本人の気質からすれば、単純な成果主義は水平型のネットワークを阻害する要因にもなりかねませんよね。ドラマでよく見る足の引っ張り合いのようなことです。それよりも自分がやったことがないことに果敢に挑戦する意欲そのものが大切です。行動の一つひとつがその人にとっての糧に変わる。御託を並べて何もしない人より、小さくとも着実に一歩踏み出す人の方が圧倒的に可能性がある。そう考えています。

最後に〝期待値〟。これは上記２つのファクターとも密接に関わりますが、先ほども述べた〝関係人口〟とも関係しています。その人に何かを任せた際に、抱かせてくれる〝期待値〟。それは〝安心〟という期待値であったり、〝ワクワク〟という期待値であったり人それぞれですが、周囲に期待値を抱かせることができる人間は必然的かつ自動的に仕事を引き付けてくる。もはや役職とか職種なんて関係ないわけです。

これら評価のモノサシに共通するのは、ＫＰＩに代表される定量的な〝実績〟よりも、その人の〝可能性〟を重視しようと試みているということです。当然定量的な〝実績〟も評価には含まれますが、それだけでは評価をしないというわけです。このことが、スマイルズで働くスタッフの主体的行動を誘発するトリガーとなっているかはわかりませんが、その一端ぐらいに寄与していれば幸いです。

### スマイルズと「全体的な個人」

ところで本書の主題であった「全体的な個人」についてもお話ししたいと思います。

これは、自分なりの解釈を加えると、パブリックな自分もプライベートな自分も総動員した一個人として、会社という組織・コミュニティにおいて存在するということかと思います。単に家族構成や事情、趣味や特技といったものから、個人の価値観やあまり人には見せたくない弱みのようなものまで含まれるかもしれません（別にそれを晒せと会社が要求してくるようなことはありませんが）。

旧来型の会社であれば、「お前の個人的な好き嫌いなんて聞いてない！」

とか上司に怒鳴られそうですよね。そんな個人的見解は排除して、会社に属する個人として振る舞うことを要求されてきた（あるいはそのように思い込まされてきた）のかもしれません。

でもスマイルズの場合、「君ならどうなんだ？　これ本当に欲しくなる？」とか、「その言葉は本当に自分の思いから出ているのか？」といった客観的論理性よりも主観的必然性を要求されるわけです。

一見、自由で素晴らしいようにも思えます。しかし会社やブランドという隠れ蓑を剥がされ、本当の自分を晒されてしまうような緊張感がそこにはあるわけです。日々思考せずとも自動的に仕事がやってきて、システムという〝価値発生装置〟の元、生産性さえ高めればそれなりの確率で会社に利益を生み出し、自身の報酬も担保することができた組織とは大きく違います。しかしながら、その対極とされているポストモダン的形態とも言えるティール型組織やギルド制など、成果に対して明確に報酬が規定され、プロジェクトごとに離合集散するようなあり方とも違うところが捉えどころを失わせているのかもしれません。

結局私たちスマイルズが目指してきた組織は、既存のツリー型組織を有しながらも、システムに頼らない自生的シャドー・システムとしてのネットワークを蔓延《はびこ》らせ、それを会社として是とすること。そして、「世の中の体温をあげる」という曖昧な理念的なものをたよりに、社員一人ひとりが「全体的な個人」として活躍する、意図的に曖昧な組織だったのではないかと思うわけです。これは、浮島に柔らかい縄で係留された船のように組織もぷかぷかと浮かび流されながら、個人もその組織とは柔軟に関係性を変容させながらも繋がることで心理的安全性を担保し、〝不安定な漂流〟（17頁、197頁）を阻止するための試みとも言えるでしょう。

### 「スマイルズさん」であるということ

本書ではまだまだ〝スマイルズさん〟たる個人は少なそうだという指摘がありましたが、個々人が自分の考える〝スマイルズさん〟であってほしいと私は願っています。会社と個人の関係性を〈所属〉ではなく、〈自己同一性＝アイデンティティ〉へと変容させていけないかという壮大な実験の途中過程なのかもしれません。

肩書としての〈スマイルズ属〉から、自分自身を体現するものとしての〈スマイルズ人〉へといったところでしょうか。そう言うとちょっと気持ち悪いですよね。なんだか宗教っぽいというか。もう少しわかりやすく説明します。

数年前、とあるＴＶ番組で地域性を検証する実験を行なっていました。

それは、街中でインタビュアーらしき人が「ちょっといいですか？」と歩行者に声を掛けつつ、いきなり「バンッ！」と手で鉄砲を撃つマネをするとどんな反応をするだろうかというものでした。それを大阪と東京の街中で10人ずつやってみたわけです。東京の街中ではほぼすべての方がきょとんとした、あるいは怪訝な表情を浮かべて終了したわけですが、大阪では10人中10人が何らかの反応を示しました。

ある人は道に倒れこみ、またある人は「うっ…」と言いながらのたうち回る。10人全員がある意味で期待通りの反応をしたわけです。ＴＶですから当然１００％鵜呑みにできる実験だとは思えないのですが、同郷の私からすれば、大いにあり得そうなこと。きっと自分もそうしているはずなんて思ってしまいます。それが関西人（あるいは大阪人）として求められていることだと感じているから。

このときＴＶに出てきた一般の方々の行動は、（私がＴＶで観た姿に何らかの演出がなかったとして）「大阪府」に属する個人として、誰かの命令に従ったというわけではありません。大阪人としてのアイデンティティがそうさせた部分が大きいでしょう（延髄反応的に「ＴＶ局の皆さんは私にこういう行動をしてほしいんでしょ」という相手の期待値に応えてあげようとする大阪人独特の気質の現われと捉えられます）。決して「大阪府」に属しているとは意識していないが、大阪人としてのアイデンティティはある。これは、必ずしも今現在はその地域に住んでいなくても、人々の根底に深く根差しているものです。

これこそ、文化人類学が研究対象としてきたバンドやトライブと言われる単位における明文化されていない風土や不文律のようなものではないでしょうか。

スマイルズの話に戻すなら、スマイルズ人としての〝私〟の判断と、一個人としての判断に違いがないということ、すなわち自分自身のアイデンティティの一部にスマイルズが取り込まれていることを意味しています。当然完全に一致するわけではないけれども、大きな違和感は生じない。個別の判断において、自分にとっての〝これがいい〟がはっきりしていれば、さして迷いが生じないということだとも言えます。一見決まり事が少ないことが非生産的とも捉えられるスマイルズのシステムですが、スマイルズをアイデンティティとして取り込んでいる人からすれば、決裁という仕組みが希薄な分むしろ超生産的なプロセスとなりえるでしょう。

## 「スマイルズさん」のアイデンティティ

ではそのアイデンティティたるものは何かと言えば、本書で頻出する「5感」や「世の中の体温をあげる」という言葉たちなわけですが、別に朝礼で毎朝復唱するぞ！とか、クレドとしていつも肌身離さずその言葉を携えよといったことはないんですよね。そこも先ほどの○○人的アイデンティティ形成と近い部分があります。別に小学校の授業で大阪人はかくあるべきとか教わっていませんよね（笑）。確かに社員一人ひとりにインタビューをすれば出てくる言葉は近いのだけれども、会社として具体的に何かをしているわけじゃない。シャドー・ネットワークを生み出すための施策も大して存在しない。では、どうしてある種の共感によって個人間も会社もつながりえるのか。それは我々の事業活動の隅々までもが、「世の中の体温をあげる」ということに依拠しているからと言えるのかもしれません。ただただ徹底的に、素直に一つひとつの事業活動やアウトプットの過程で一見曖昧な目標に向き合い続けること。時にそれは品行方正であり、時に（パビリオンのように）ちょっと下心めいた本音が垣間見える。そんな人間らしい清濁併せた総体としての「スマイルズさん」のアイデンティティに向き合い続けること自体が、ある意味でのシャドー・システムとして機能しているのかもしれません。スタッフ全員が一見曖昧で非論理的判断に晒され続けながらなんとなく自分だけのスマイルズを捉えていくということでしょうか。

人類学が対象としてきたもの（村や部族《トライブ》）は、会社という単位に規模的にも近いような気がします。その中でどのような仕事をしていようが自由。何らかの役割さえ見出すことができれば生きていける。お祭りがあれば、その時ばかりは普段の立場に関係なく総出で取り掛かる。その場所から離れる（引っ越す）も、舞い戻るも自由。離れた先で同郷同士がつながることだってある。属しているつもりはないが、自分の一部ではある。といったような。

仮にそんなあり方がポストモダン的組織形態なのだとすれば、ワクワクしてきませんか？

未来の組織を描くとき、いまは忘れ去られたすごく身近な社会単位の中にヒントが潜んでいる気がしてなりません。

**【著者】**

**小田亮**（序章・第1章・第2章・終章）

1988年、東京都立大学大学院社会科学研究科博士課程（社会人類学専攻）単位取得満期退学。博士（社会人類学）。桃山学院大学助教授、成城大学文芸学部教授、首都大学東京・都市教養学部人文社会系社会人類学分野教授を歴任。専門領域は社会人類学の諸理論、アフリカや沖縄の民族誌的研究など。最近は、〈コモン〉論をテーマとしたアクチュアル人類学を立ち上げることに取り組んでいる。著書に『構造主義のパラドクス』（勁草書房）、『構造人類学のフィールド』（世界思想社）、『レヴィ＝ストロース入門』（ちくま新書）などがある。

**熊田陽子**（第3章）

国際ファッション専門職大学講師。お茶の水女子大学大学院人間文化創成科学研究科ジェンダー学際研究専攻博士後期課程修了。博士（社会科学）。日本学術振興会特別研究員SPD、首都大学東京人文科学研究科客員研究員を経て、現在に至る。専門領域はジェンダー、セクシュアリティ、文化人類学。著書に『性風俗世界を生きる「おんなのこ」のエスノグラフィ』（明石書店）がある。

**阿部朋恒**（第3章）

日本学術振興会特別研究員（PD）。首都大学東京大学院人文科学研究科社会人類学教室博士後期課程修了。博士（社会人類学）。研究地域は中国雲南省、チベット文化圏など。共著書に「世界遺産を支える『文化』の諸相――中国雲南省における『紅河ハニ棚田群の文化的景観』の世界遺産登録をめぐって」飯田卓編『文化遺産と生きる』（臨川書店）がある。

**村主直人**（コラム）

首都大学東京大学院人文科学研究科修了。学生時代は長期休みを利用し、ケニアやタンザニア、エチオピアといったアフリカの国や、ブラジルなどを訪れ、1ヶ月ほど現地の人と同じような生活を送っていた。大学院進学をきっかけに文化人類学を専攻。

**【協力】**

**株式会社スマイルズ（Smiles:）**

2000年、三菱商事初の社内ベンチャー企業として設立。「Soup Stock Tokyo」のほか、ネクタイ専門店「giraffe」、セレクトリサイクルショップ「PASS THE BATON」、ファミリーレストラン「100本のスプーン」、中目黒高架下のレストラン「PAVILION」、海苔弁専門店「刷毛じょうゆ 海苔弁山登り」、餃子と〆の店「Nood e」を展開。「生活価値の拡充」を企業理念に掲げ、既成概念や業界の枠にとらわれず、現代の新しい生活の在り方を提案している。

近年は、入場料のある本屋「文喫」など外部案件のコンサルティング、プロデュースも手掛ける。

# スマイルズという会社を人類学する

## ――「全体的な個人」がつなぐ組織のあり方

2020（令和２）年10月15日　初版１刷発行

著　者　小田　亮・熊田陽子・阿部朋恒

発行者　鯉渕　友南

発行所　株式会社　弘文堂　101-0062 東京都千代田区神田駿河台１の７
TEL 03（3294）4801　振替 00120-6-53909
https://www.koubundou.co.jp

協　力　（株）スマイルズ
ブックデザイン　UMA / design farm（原田祐馬・髙橋めぐみ）
印　刷　図書印刷
製　本　井上製本所



ISBN978-4-335-45063-1